村田信一
Murata Shinichi

増補復刻版

パレスチナ

残照の聖地

殉教者たちへのレクイエム

PALESTINE
the memories of martyrs

あっぷる出版社

序文

私のパレスチナへの旅は、まだ中学生だったころからはじまっている。もちろん、実際にパレスチナの大地に立ったのはもっと後のことであるが、当時の私は自分とパレスチナとを隔てる距離を瞬時に超えて、彼の地を彷徨った。いつの日か自分の脚で彼の地を歩くことを夢見ながら、意識は毎日のように飛翔していたのだった。網膜に焼き付いた情景は、以来私の脳裏に染みついて離れることはなかった。

十代の私が夢見ていたのは、革命のロマンであり、死へと立ち向かっていく人々の滅びの美学とでもいえるものであった。それはリアルでありながら、これ以上ないほどの幻想でもあった。私が実際に彼の地に赴いたとき、その幻想は、文字どおり幻のように霧散してしまっていた。微かな残り香を漂わせてはいたが。

一九八〇年代後半から、パレスチナでは新たな戦いが進行していた。インティファーダと呼ばれたそれは、占領下のパレスチナに生きる人々の抑えきれない衝動であり、生命の迸りだった。しかし一方では、人々の生々しい叫びや悲嘆、怒りや苦しみの向こうには、いつも政治や、大きな枠組みによる意図が見え隠れし、そのことで私は醒めていき、いつしか意識は違う次元へと導かれていった。それはまた、三〇年ほども続いてきた革命、民族解放、聖戦いったレトリックからの、私自身の解放に他ならなかった。

私は以来、より普遍的な意識でパレスチナの地に立つようになった。パレスチナという呼称に政治的意味合いをくみ取る人も多いかもしれないが、より歴史的、文化的意味合いでのパレスチナを私は意識するようになった。そこには現在の国境線も民族や宗教の差異もないということを、ぜひ知って欲しいと思う。

パレスチナは聖地である。それは数千年からの長きにわたって今も続いている。歴史に名を残す幾多の預言者たちがこの地を歩き、実現のために尽力してきたのは、真の意味での平安をもたらすために生きることだったのだと、私は信じている。そして、今の時代がそれらの意思から、大きく逸脱していることもわかっているつもりだ。だからこそ、現状に流されることなくそこに行き、空気の流れや漂う匂い、自然の音に耳を澄まし続け、そうすることによって、全く違うものが見えてくるのだと考えた。

記憶というものは、明確なようで実はおそろしく曖昧なものだ。私たちは、さまざまな先人の記憶、残された書物や建造物、文化の記憶をもっているが、それらは目の前で進行している物事の前では、影が薄くなりがちだ。まるで太陽が月に蝕されて消えていき、漆黒の闇があたりを支配していくかのごとく、しかし次の瞬間、闇がかき消されて新たな光が世界を支配し、先ほどまでの記憶は定かではなくなっていく。その繰り返しである。

遠い過去に思いを馳せ、これからの未来を夢想しながら旅したパレスチナ、そこでの私の体験と思索の一端、交錯し続ける過去から未来への情景。そういったものを、この本でどれだけ表現できるだろうか。また、どれだけの人にその空気や匂いを伝えることができるのだろうか。

増補復刻版　パレスチナ 残照の聖地　もくじ

地図

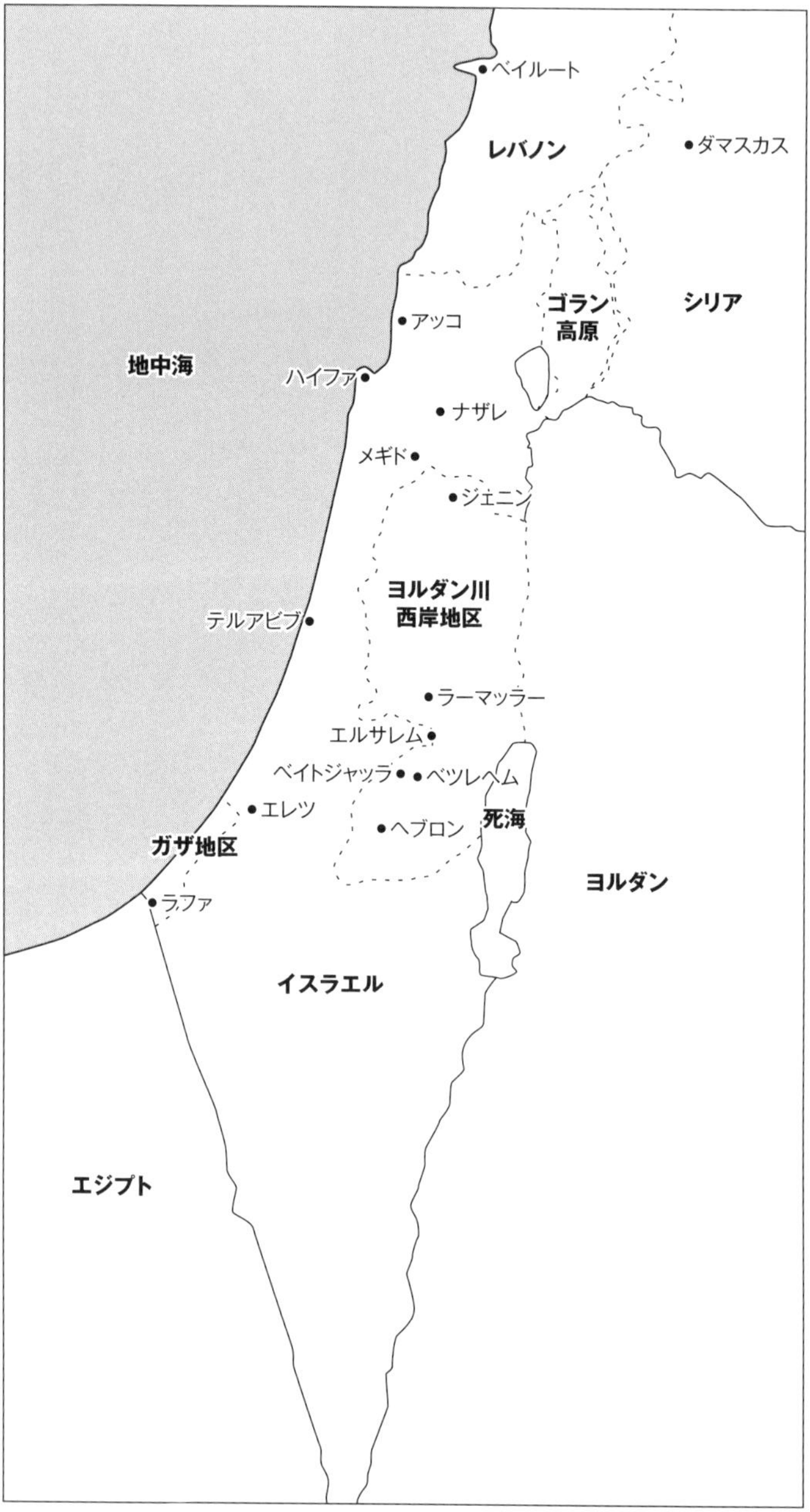

ベイルート
レバノン
ダマスカス
ゴラン
高原
シリア
アッコ
地中海
ハイファ
ナザレ
メギド
ジェニン
ヨルダン川
西岸地区
テルアビブ
ラーマッラー
エルサレム
ベイトジャッラ
ベツレヘム
エレツ
ヘブロン
死海
ガザ地区
ヨルダン
ラファ
イスラエル
エジプト

ガザ地区

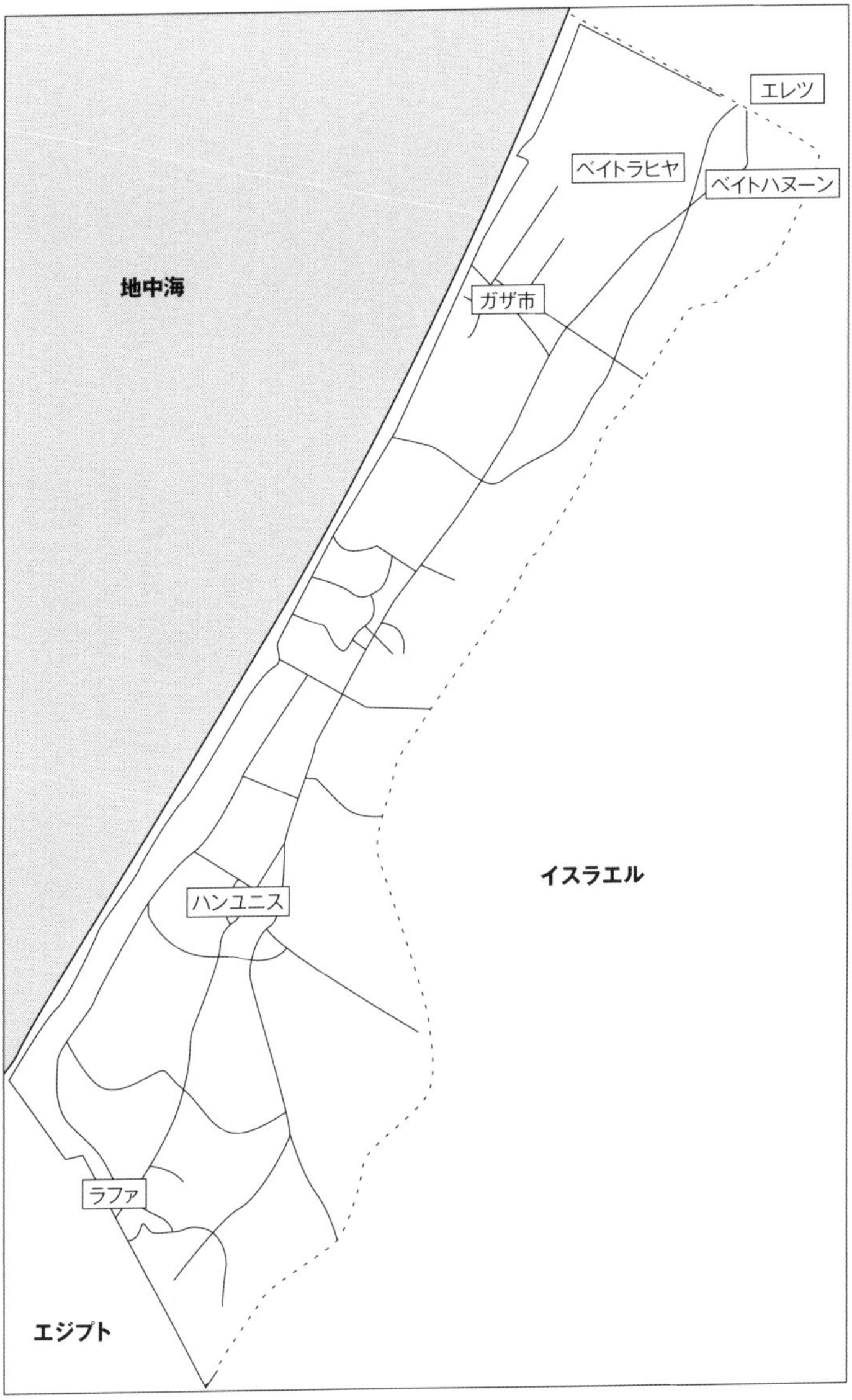

本書は二〇一〇年刊行の同名書籍に加筆、修正、再編集を行なった増補復刻版です。

I

薄明かりが支配する町。よく見えないのだが、目をこらしていると少しずつ視界に何か映りこんできた。古い遺跡のようにも見える。少し近づいていくと、古い町並み、石造りの建物がある。壁や柱は煤でくすみ、壁には無数の傷やひび割れ、穴も開いている。戦争で破壊されたのか。銃痕のような穴が、無数に開いている。

ゴオーッという雷鳴のような音が空から聞こえ、それがまた周囲の廃墟の光景をよりいっそう際だたせて、この世の終わりかという印象を強くさせる。夕暮れ時だろうか、時間の感覚がほとんどないうえに、朝なのか夕方なのかもよくわからない。空は一面曇っている。ときおり、タタタタッという銃声が、遠くから聞こえてくる。そのエコーが周囲を震わせ、何重にも重なる波のように押し寄せ、鼓膜を振るわせる。

建物の影から視線を表通りに移してみても、道を歩いている人の姿は見えず、人がいる気配さえも感じられない。二車線の通りは所々穴が開き、道路の端には埃にまみれてボンネットが潰れた車が放置されている。歩道のタイルも所々剥げ、開いた穴には泥水が溜まっている。商店街らしい通りの両側の店はどこもシャッターが閉まり、ほとんどのシャッターには、ペンキで何か書き殴ってある。こういう状態になってから、長い年月が経っているのだろう。でも、かつての賑わいを彷彿とさせる面影は、明らかに残っていた。その余韻が確かに漂っているのだ。

通りに出てみる。最初にここに来てからどれほどの時間が経ったのかわからないが、心なしか視界が少し晴れてきたようだ。今はやはり朝方なのだろうか。それとも、曇り空の隙間からの陽が差してきたのだろうか。しばらく通りを行くと、四つ角の影にバリケードがあり、若者が四人座り込んでいた。ひしゃげた信号機が垂れ下がる交差点の片隅に、迷彩服やジーンズといったバラバラの服装で、長い髪に無精髭の若者たち。何かしゃべりながら、トランプゲームに興じている。それぞれが、年季の入った自動小銃を傍らに置き、一心不乱にゲームに興じている。遠くからまた銃声が響いたが、まったく意識が逸れることもないらしい。静寂の世界。廃墟の中で、若者たちの声やめくられるカードの音だけが異様に大きく聞こえる。ときおり彼らが触れる自動小銃のカタカタいう音。

突然、すぐ近くで大きな叫び声と耳をつんざくような銃声が響いた。若者たちは瞬時に反応し、銃を手に立ち上がる。一人がその場に崩れ落ちた。胸からは鮮血が噴き出し、シャツがみるみる赤く染まっていく。若者たちは、凄い形相で撃っている。次々と飛び出す薬莢が、アスファルトの上に転がっていく。銃口から漂う硝煙が、微かに鼻腔に入りこむ。人を酔わせる、癖になる匂い。

いつの間に来たのか、四つ角の反対側には一〇人くらいの若者たちがいて、こちらに向けて一心不乱に銃撃している。激しい銃撃の音に、鼓膜はほとんど音を上げてしまっている。時々聞こえる、何かが空気を切り裂きながら飛んでいるような音。銃弾が回転しながら、すぐ耳元を飛び去っていく音だ。それは、死への甘美な誘い。心臓がとまりそうになり、すーっと身を屈める。永遠に続くかのような激しい銃撃戦。しかし、ふと我に返ると、すべてがまた元どおりに静かになっている。

いくつかの死体が転がっていた。血まみれになり、湯気を立てている若者たちの体。ついさっきまで精気がみなぎっていた彼らの肉体から、急速に命の鼓動が失われていく。命は肉体という仮の宿を捨てて、光の彼方の世界へと旅立っていったのか。抜け殻のような肉体を見ているのは、哀しい。が、それと相反するのだが、何か神々しいものを感じる。命を賭けて短い生を全速で駆け抜けていった若者たちの、生命の迸りの残照とでもいうものなのだろうか。

眼前に拡がる光景を見ている私の視界には、静かに去っていく若者たちの姿がまだ見えている。幾多の市街戦を戦い生き抜いてきた彼らの、しかし勝利の喜びのようなものは微塵も漂わせていない、むしろ寂しげな後ろ姿。無言で、銃の音をカタカタ響かせながら去っていく。なんともいえない、寂寥感の漂う光景。

その時、戦闘とはまったく別のところに、一人の男がいることに気がついた。

対角線上に戦闘を見ていたのだろうか。自動車をひっくり返したバリケードの陰から、突然立ち上がったその男は、やはり戦闘員なのか迷彩服を着て、肩には自動小銃をかけているが、そのどこかひ弱そうな、一種インテリ風な雰囲気は、兵士というよりは学生のようだ。そして、何よりも違和感があったのは、胸にカメラをぶら下げていたことだ。

フォトグラファーなのか。ではどうして銃を持っているのか。彼は、哀しそうな目で周囲を見回すと、トボトボと歩き出した。後ろ姿を見送りながら、その顔をもう一度見たいと思った、振り向いてくれないかなと思いながら見ていると、気持ちが通じたのか、しばらくして彼は後ろを振り返った。そして、すぐにまた前を向くと、今度は幾分しっかりとした足取りで、歩いて去っていった。

彼の名前はなんというのだろうか？　どこかで似たようなシーンがあったことを思い出した。やはり戦士で、フォトグラファーで、死ぬ覚悟で戦い、写真を撮っていた。自分たちの宿命を背負い、彼は命を賭けていた。その青年の名は、ジハードといった。その記憶と重なり、この青年もきっとジハードという名前なんだろうなと思うことにした。そういう名前が似合いそうな青年だった。

誰もいなくなった通りでは、微かに吹き抜ける風がかび臭い匂いや埃を巻き上げて、命を失った町をすり抜けていった。

かつての栄華の残響がかすかにこだまする街、ベイルート。私のパレスチナの情景は、この街で長く続いていた戦いの日々の記憶からはじまっている。そして今でも、その映像は何度も再生されて、脳裏に甦り続けていく。

私には長い間、戦場の記憶が取り憑いていた。それは、取り憑いていたとしか表現できないものだ。まだほんとうの戦争を知らず、テレビや新聞、雑誌で見る写真などの映像によって漠然と想像していた、現実でありながら、どこか非現実的な光景。いくつものフィルターを通してようやく私の目に触れているような、どこか現実感のないイメージだった。

地球上のある地点で確かに起きていることが、数千キロの距離を隔てたところで起きていることが、長い距離を辿って私の目に触れる頃には、少し色あせ、その場にあるに違いない匂いや気配さえも消し去ってしまうのだ。

ガザに入るのは何度目だろうか。いちいち数えてはいないが、少なくとも数十回になる。この二〇年の間に何度も出入りしているから、かなりの頻度ではある。しかし、何回行ったとか、どれだけ滞在したとか、そんなことはどうでもいい。そんなことよりも、そこで何を見て、何を感じたのか。何を見いだしたのかあるいは何を理解したのか、そういうことに意味がある。しかし実際に私は、ここで何を見いだしたのだろうか。

いくつも印象的な映像が、脳裏に焼き付いている。それらは、ときどき終わりのない映画のように、頭の中で突然再生されて、様々な情景を映し出してくれる。たいていは色褪せた古い映画のような質感で再現され、しかしそこで演じられていることは、最近、実際に起きたことだったりする。頭の中で再現されるイメージというのは、時間や歴史、現実と夢の錯綜だったりするから、その矛盾を真剣に考えても仕方のないことだが、でもときおりハッとするような記憶が突然現れたりする。

パレスチナへ、特にガザへと行き続ける私が目指していることは、どんなことなのだろうか。それは自分自身にもよくわからない。わからないから行き続けているのかもしれない。その地の空気に触れ、匂いを鼻腔に感じ、石や樹や草の触感を確かめ、鼓膜を振るわせるあの音たちに酔いながら、何かを感じ取ろうとしているのに違いない。そう信じていないと、自分がこれまで何をしてきたのかわからなくなってしまう。しかし、それを考えていると、恐ろしくもなる。なぜなら、自分の半生が無意味なことの繰り返しだったのかもしれないことになるから。いや、たとえ無意味であったとしても、私はやはり同じことを続けるのだろうけれど。

二〇〇四年の秋は、いつになく寒さが身にしみた。地中海沿岸のこの地では、冬でも凍えるような寒さになることはなかったはずだが（いや、私が忘れているだけかもしれない）、この年の晩秋のガザは、命も凍り付くほどの寒さだった。気温というだけではなく、目に映る景色や手に触れるもの、人々の姿や鳥の囀りまでもが凍えていた。何かが起きる予感と共に、何が起きても受け入れてしまいたくなるような秋だった。

イスラエルから、エレツ検問所を通ってガザへの旅がはじまる。この入り口が、ほとんどの場合ガザと外界とを繋ぐ唯一のルートとなっている。ここ以外にも道路や検問所はいくつかあるが、軍用に限定されたものだったり、あるいは政治的判断などで閉鎖されていたりする。自然による障壁はなにもないのに、人の手によって移動が制限されている。それは、エベレストよりもアマゾン河よりも困難な障壁となっている。

エレツの手前でタクシーを降りて、巨大なターミナルへ入っていくと、サブマシンガンを持った治安要員たちが、至る所に目につく。彼らのチェックを受け、イミグレーションへ行く。そこでパスポートチェックを受けて、出国スタンプまで押される。つまり、実質的にはガザはイスラエルから分離されているに等しい。別の国への出入国と同等の手続きを受けるのだから。

チェックだけでなく、巨大なターミナルを延々と歩かされることについては、そもそも面倒だし、精神的にも非常に不快なものである。いつもなら、ここを通ってガザへ抜けていくと、トンネルの先に少しずつ光が見えてくるような晴れやかな気になったものだが、なぜかこのとき、気分は重く沈んだままだった。天気が悪いことや寒いことも要因の一つではあっただろうけれど、それだけではない何か。目に見えないものに影響されていたとしか思えなかった。迷路のようなエレツ検問所のターミナルの中を歩いて、両側を高いコンクリートの壁に阻まれた回廊を延々と歩かされ、彼方にようやく外の明かりが見えてきた。だがそれは、いつもの迸る光の海ではない。この回廊を覆っているなにか粘着質な湿気を帯びた空気、それと同じものが回廊の向こうにも続いているような感じだった。先へと進むには、強い意志か必然性がないと行けないような気がした。しかし、この私に、そこに行きたいという思い以外に何があるというのか。むしろ、それだけで十分だと自分に言い聞かせた。

荷物を引いて歩き出すと、前方の視界が少しずつひらけてくる。どんよりと垂れ込めた雲の裾が、今にも地面に落ちてくるのではないかと思えるような空だった。そして、私の視界の先には、いつものように、迎えに来てくれていたアハマドの姿があった。

エレツから数キロ歩いたところに、パレスチナ側の境界がある。ガザに住むパレスチナ人たちは、ここまでしか来ることができない。彼らが外から来る人間を待つのもここだ。パレスチナ警察の小屋があり、イミグレーションを兼ねている。他にこれといったものがないのんびりとした光景は、田舎の小さな村の集会所という感じである。警官やタクシーの運転手たちが、暇そうにお茶を飲み、トランプゲームに興じている。イスラエル側の物々しい雰囲気とは対照的だ。パレスチナの警官は、私を見ると小屋に手招きし、パスポートをチェックして、ノートに名前やパスポート番号を書き込むと、パスポートをこちらへと返しながら言った。

「パレスチナへようこそ」

人なつっこい笑顔を浮かべている警官に、笑顔で応える。

小屋を出て、ニコニコしているアハマドに向かってまっすぐ歩いていった。

「やあ、アハマド。元気かい」

「ああ、元気だよ。君も元気そうだ」

アハマドが私の荷物を軽々と持ち上げて、彼の車のトランクへと運び入れる。アハマドは体格もよく、力持ちだ。私が運ぶのに難儀しているようなスーツケースも、彼は片手で軽々と持ち上げる。

走り出すと、すぐに彼の運転でよかったと思う。とにかく速くてスムーズなのだ。乗り心地もいい。安心して周囲の景色を眺めていると、

「奥さんは元気か、子どもはまだか」

いつもどおりの質問だ。アラブの男たちは、家族を大切にし、子どもを愛している人が多い。彼も典型的なアラブの男であり、子どもは確か五人いたはずだ。彼らにとってみれば、いい年齢で子どももいない私のような男は、人間失格となるのかもしれない。

「俺は、また子どもができたよ。男の子だ」

「えーっ、またかよ。多すぎないか」

「うん、もうこれで打ち止めかな」

来るたびに増えているようだ。生活も苦しいのだから少しは考えたほうがいいのではないか、と思うのはこちらの勝手な心配であり、彼らはとにかく子どもがいれば嬉しいのだ。どっちにしてもこれは明るい話題である。前向きな話など、今のガザではほとんど聞かれないのだから。

それにしても、車窓から見渡すガザの町は、以前よりもさらに破壊が進み、疲弊しているように思えた。見慣れているとはいえ、見ているだけで精神的に疲れてくるような光景ではある。

「またイスラエル軍にやられたんだよ。あれを見ろ、工場が破壊された。こっちにあった畑も、軍のブルドーザーでオリーブが根こそぎ潰されたんだ」

アハマドは、運転しながら右方向を指さし、左方向を指さしと、被害状況の説明に忙しい。それほど頻繁に破壊されているということである。しかし、ガザではこの四〇年来、こういうことが日常と化していて、彼らが慣れきっていることも確かだ。

「君は、こういうことに関心がないんだな、相変わらずだ。他の外国人は、みんなこういうのを見たがるんだけどな」

運転しながら、ニコニコした笑顔でアハマドはそう言った。それには答えず、ただ笑顔で応え、

「相変わらず、経済状態は悪そうだね。封鎖は続いているんだね」

「ああ、仕事なんかないよ。俺も、ほとんど稼ぎがない。外国人も今の時期はあまり来ないしね」

「そうなんだ。じゃあ、ボクが来てよかったな。商売になるよ」

アハマドはそれを聞いて笑った。

「ああ、でも君は金がないからなあ」

痛いところを突かれたというものだ。返す言葉もなく黙り込む私をみて、彼は微笑している。それを見て私も笑い返した。彼に言われると不思議と腹が立たないのだった。

ガザ北部の町、ベイトラヒヤとベイトハヌーンを過ぎて、車はガザ市内に入ってきた。アハマドは、ベイトハヌーンに暮らしている。イスラエルとの境界に近いこともあり、何か起こるとすぐに影響を受ける場所でもある。

ガザ市内の外れまで来ると家が密集していて、人の姿が目につくようになる。澱んだ空の色を映すかのように、人々の表情もうち沈んでいた。誰もが下を向いて歩き、不機嫌そうに話しているように見える。

市内の中心部に来ても、あまり車も走っていない。シャッターを下ろした店も多い。ほんとうに状況は厳しいようだ。政治的にも、経済的にも、あらゆる意味で。そんな光景を眺めているうちに、いつしか私自身の気持ちも落ち込んでいった。

海岸沿いのホテル街に来てみると、駐車場はどこもガラガラだった。心なしか、ホテルの外装もうら寂れて、廃墟のようにも見えた。ときおり姿を見せる黒く濁った海を眺めているうちに、せっかくここまで来たのに、何かをしようという気力を失ってしまった。

ホテル街の中では、一番安い部類に属するホテルにチェックインする。ロビーはがらんとしていて、アハマドがホテルの従業員を呼ぶ声が、妙に大きな反響を伴って響いた。

しばらくしてから、完全に精気の失せた長身の男が面倒くさそうに出てきた。アハマドを見て一瞬目のあたりが笑ったが、すぐにまた無表情な顔に戻り、私の顔を一瞥しただけでフロントの中に入っていった。

チェックインの用紙に記入しながら、他にも宿泊客がいるのか聞いてみた。他に二人だけいるという。おそらく、ジャーナリストか援助機関の関係者だろう。それ以外にガザに来る外国人はまずいないだろうから。私はとりあえず休息がとりたかった。アハマドは車に乗って帰っていった。

エルサレムからガザに来るまでのわずかな旅。数時間しか経っていないというのに、地球を一周したかのごとく全身が疲労し、音を上げている感じだ。肉体的な疲労というよりは、精神的な疲労なのだろう。そのうねりが肉体にまで染みだしているようだった。

エレベーターに乗り込み、最上階のボタンを押す。あまり手入れされていないのか、ゴトゴト変な音を立ててゆっくりと上昇していくエレベーターの壁は、全面真っ白に塗られていて、なおさら寒々しく見えた。


思えば、このホテルができたばかりの頃の熱気というのは凄まじかった。あれは、八〇年代から続いていたパレスチナ人の抵抗を抑え込むために、世界の指導者たちが演出した和平という名の祝祭の最中だった。一九九三年のことだ。ほとんどの人が、和平を信じて疑わなかった。誰もが浮かれていた。ガザが観光地になるとでも思ったのだろう、海岸沿いにリゾートホテルがいくつも建てられた。馬鹿げていると思ったけれど、当時はそんな水を差すようなことを言える雰囲気ではなかった。パレスチナの明るい未来は、すぐ手の届くところにあるように思えた。半信半疑だった多くのパレスチナ人たちも、世界の主要メディアが煽り立てる情報を信じて、またメディアも自分たちの報道に踊らされて、熱に浮かされていた。

人々で溢れかえり、連日のようにパーティーや結婚式の饗宴が繰り広げられたホテルは、今では和平という名の遺跡だ。

驚くほどゆっくりと登っていくエレベーターから、外の景色が見える。一角がガラス張りになっているのだ。そんなお洒落な造りも、今では哀しい悪趣味でしかない。寂れた町並みが視界の先まで拡がっている様を、否応なく見ることになるのだから。

ようやくエレベーターが止まった。最後にゴトンと突き上げる衝撃があり、ゆっくりとドアが開く。一歩踏み出すと、寒々しい廊下が拡がり、その異様な静けさに一瞬怖じ気づいた。やはり白が基調のフロアや壁、天井が拡がっているが、ところどころ色がくすんでいたり、白いペンキの下から鉄の錆びが浮き出していたりする。正面に大きな窓ガラスがはめ込んであり、地中海が一望できる、考えようによっては絶好のロケーションだ。しかし、今は厚い雲に覆われた空が垂れ込め、その下には黒く冷たい海がうねっているだけだ。夢も希望も潰えた最果ての地の光景が視界を覆い尽くし、目を開けている限りその映像からは逃れられない。

宿泊する部屋は海に面していた。本来はスイートとして作られた部屋なのだろう。一人で滞在するには広すぎて、それがまた孤独感を否応なく高めるのだった。

荷物を床に置いて、窓際にある大きなベッドに腰掛けると、体が大きく沈み込んだ。クッションが柔らかすぎて座りにくい。部屋を見回すと、広いという以外は何もない部屋だった。調度品も安っぽい。備え付けのテーブルや化粧台、洗面台やシャワールームも、全てが傾いたり、軋んだり、あるいはひびが入ったりしていた。うわべだけを飾っても中身は空虚だった一九九三年のお祭り騒ぎや、それ以降の様々な政治的律動の無意味さにも通じるような気がした。休もうと思い横になるが、波の音や冷え冷えとした風のうなりが耳障りで、眠ることはできなかった。少しは体を休めておこうと、そのままの姿勢でしばらくじっとしていた。

しばらくしてふと思い立ち、テレビをつけてみた。アラブ系チャンネルや欧米の国際放送が入ったが、どこもたいしたニュースはやっていない。それでも各局が少なからず取り上げていたのが、アラファートのニュースだった。彼の命の灯が消えかかっていたのだ。世界はそのときが近いことを予測して様々なプログラムを流していた。今この瞬間に、彼はフランスの病院で生死の狭間を彷徨っている。その動向は外部には伝わってこないが、ときおり治療に当たっている医師団の声明が出て、状況は絶望的であることがわかる。アラファートが危篤であるということ。それは重要な要素だ。それは、私がこの地にいる理由の一つであり、彼と彼がしてきたことや、それが引き起こした大きな変動は、私がこの地に意識を持っていかれ、そのイメージを肥大させていった大きな理由でもあるのだから。その人が、今まさにこの世から去っていこうとしている。様々な思いに駆られながら、テレビ映像を無意識に眺め、私はただ横になっていた。

耳障りなベルで起こされた。いつのまにか眠っていたようだ。起き上がって周囲を見回すと、外は暗くなりはじめていて、よりいっそう憂鬱な光景が拡がっている。化粧台の上の電話をとると、相手はアハマドだった。

「寝てるのか？　これからどうするのか話もしたいし、夕食でも行こう」

「ああ、わかった」

ロビーのカフェに腰を下ろしてアハマドを待つことにした。大きな液晶テレビが、大音響でニュースを垂れ流しているのを、パレスチナ人の中年の男が食い入るように眺めている。けんかを売っているのかと思うほど、テレビ画面に映っているアナウンサーを睨みつけ、瞬きもしないで見入っている。その光景はなぜか滑稽でもあった。ロビーには私とその男以外誰もいなかった。

やがて、アハマドがいつものように大股で歩いてきた。

「よく寝たかい？　さあ行こうか」

彼の力強い手と握手をすると、少し生き返ったような気になった。ガザに来るとよく行くケバブ専門店がある。羊肉をミンチにしてこねたこのスナック的な食べ物が、なぜか好きでやめられない。アラブのファーストフードといってもいいと思うが、国や地域、作る人によっても違いがあり、バラエティーに富んだ、世界的にも人気のある料理の一つだ。

閑散とした市内を通り、中心街の一角にあるレストランに入った。周辺は静かだったが、レストランの中はまるで別世界のようだった。眩くライティングされ、アラブ音楽が奏でられ、水煙草の甘い香りが漂っていた。ここは広い庭園のような造りになっていて、テーブルはゆったりと配置してあり、それぞれには椅子が4脚から6脚セットされている。アラブ世界らしいと思うのは、木でうまく隠された女性客用のスペースがあることだ。声だけが微妙に聞こえるので、なんともいえず蠱惑的であり、思わず覗きこみたくなってしまう。

その夜は、混んでいるというほどではないけれど、客席は適度に埋まっていた。とはいえ、ガザの経済状態から考えると、こういうところに来ることができるのは一部の金持ちに限られているだろう。失業率はかなり高いはずだし、多くの人が一日一ドルくらいで暮らしているそうだから、夕食で数十ドルも使えるのはごく一部の人間しかいない。

私とアハマドは、ケバブとチキン、サラダをいくつかとコーラを頼んだ。

目の前にいるアハマドとは、過去にいくつもの危険な場所にも行ったし、刺激的な時間を共有してきた。金のためとか仕事だからとか、そういうことを超えて、生を実感し謳歌していた瞬間だった。

現在は、そんな時間はどこかへ流れ去ってしまい、うち沈んだ記憶の残骸が重々しく堆積しているだけだ。そんな中で、会話はあまり弾まなかった。とはいえ、料理はいつもと同じく美味かったので、私たちは食べることに集中した。

「ガザはもう何もないよ。ハマース（イスラーム抵抗運動。イスラームの相互扶助組織として、第一次インティファーダの時に創設される）やファタハ（PLOの最大派閥、アラファートの組織）が何をやっても、イスラエルには敵わないし」

アハマドは、チキンを頬張りながら独特の吐き捨てるような口調で言った。

確かにそのとおりだ。ニュースを求めてここにくるジャーナリストは相も変わらず後を絶たないが、かつてほどではない。ガザで、パレスチナで起きていることは、いつも同じだと世界の多くの人は思っているから、いつまでも関心を引かないのだろう。では私は何をしに、このガザに来たのだろうか。自分の生を確かめるためなのか。それとも、フォトジャーナリズムという名のバイアスに包まれた写真を撮ったり、ドキュメンタリーを作るためなのか。あるいは、何かから逃れるためなのか。おそらく一生わからないのだろうと思う。なぜ生きているのか、がわからないのと同じに。

ガザを含むパレスチナには、私の脳裏を離れない甘美なイメージの源泉があることは間違いない。廃墟と化した街で、戦闘服に身を包み、自動小銃を手にしてくわえ煙草で気取っていた若い戦士たち。死か勝利か。刹那に生きた青春。目の前にあるように感じているが、実は永遠に手の届かないところにある勝利（勝利ってなんだ、それさえもが漠然としていたあの頃）のために、全てを捧げた生。革命とか解放とか、そんな形骸化した言葉では言い表せない、何か本質的なことをそれぞれが思い、駆け抜けた一瞬。それはまた他の地域、様々な地でのことではあるけれど、同じ地域、同じ匂いの満ちた場所での記憶だ。このようなイメージの源泉は、七〇年代から九〇年にかけての、レバノンでの内戦にあったことは確かだが、なぜ私はそれに惹かれたのだろうか。

「何を考えてるんだ？　明日はどうしようか？」

アハマドが、にこやかに私の顔を覗きこみながら言う。

「ああ、そうだね。どこに行こうか」

私には行くところなんかない。このどんよりと落ち込んだ雰囲気の中の、空気に触れ、音を聞き、様々な匂いを鼻腔に感じながら、ただ流離いたかった。

「明日は、海が見たいな。それと、今まで訪ねてきた場所をまた見てみたい。でもアハマド、君が今、ここがいいぞ、というようなお勧めの場所があれば、そこでもいいよ」

アハマドは首をすくめて、わかったというように笑った。レストランは、相変わらず客たちの笑い声やテレビの音、流れる音楽などで騒がしく、水煙草の煙は、ますますしつこく漂い、鼻腔を焦がし続けていた。

そろそろ帰ろうか。そう身振りで促すと、アハマドはわかったというように立ち上がった。ガザに来て何もしていないのに、まだ疲れているようだ。日本での日常から遠く離れて、あらゆる意味で異なる大地に立っている。日本にいたのはほんの一日前のことなのに。
これまで何十回と海外に出て、世界各地を旅してきた。それでも、現地に体が慣れるのには時間がかかる。こればかりは仕方がない。儀式のようなものなのだろう。

数日後、相変わらず静かなままのガザで一日を過ごした私は、寒い部屋の中で眠りについていた。夢らしい夢を見たかどうかさえも記憶にない。暗い海の中で、冷たい砂の上に座って、遠い水平線を眺めていたような気がする。そこはやはりガザだったのだろうか。私以外には誰もいない海で、重く垂れ込める雲が、強い風に煽られて凄い早さで形を変えて動いている。どこか、この世の終わりではないかとも思える世界。私は、どこか違う次元から、その光景を眺めていたようだ。不思議と寒さや悲壮感は感じていなかった。

突然の銃声が聞こえ、夢の世界を打ち砕いた。瞬時に目を覚ました私は、それでも一瞬自分がどこにいるのかわからずに、ベッドの上に横たわったまま目を開けていた。引き続き銃声。自動小銃の連射音だ。しかもすぐ近くで。今度はハッキリと目が覚めた。これは夢ではなく現実だった。ベッドから飛び起き、窓から下を見下ろした。
窓の下、ホテルのすぐ前は岩場になっていて、手前にパレスチナ警察の駐屯している小屋がある。その小屋から一人の戦闘服に身を包んだ男が出てきて、海に向かって自動小銃を撃っていた。上から見下ろすと、やや斜め後ろ姿のその男が、何度も何度も弾倉を入れ替えては、海面に向かって銃を撃ち続けていた。銃声は早朝のガザに響き渡り、残響が次から次へと重奏し、輻湊しては鼓膜を振るわせた。早朝の街には走る車も通りを歩く人の姿も見られないけれど、多くの人々が起き出しているのは間違いない。

アラファートが死んだのだ。ひとしきり眼下の光景を眺め渡して、テレビのスイッチをつけた。緊急ニュースが、アラファートの死を伝えていた。どの番組も同じだった。欧米のケーブルニュースもトップで伝えていた。アナウンサーも、エルサレムやフランスなどから伝える特派員も、いつになく高揚しているように見えた。ある特派員は、あきらかに泣きそうな顔で、感極まった様子でマイクを握っていた。白熱の報道は、逆に見ている方をしらけさせるような気がしないでもない。視聴者そっちのけで過度に感情移入したレポーターやゲストたちの発言が続く。四〇年くらい前の、色褪せた資料映像なども流れている。しばらく画面を見ていたが、テレビのスイッチを切り、また横になった。わずか数分の間に、私がかつて抱いた様々なイメージが、目の前を映像として次々と流れていった。それは、私自身の過ぎ去った人生とも重なり、また人生の終焉へのはじまりのようにも思え、見続けることに耐えられなかったのだ。

やがて、ガザ中のモスクが、スピーカーで死者を追悼するお祈りを流しはじめた。モスクからの礼拝の呼びかけは気に入っていて、それを聞くのがアラブ世界に行く理由の一つだったりするぐらいなのだが、このときはさすがに耳障りにすぎた。あちこちのモスクから、大音響で、それぞれ勝手に流れるクルアーン（コーラン）の詠唱が幾重にも重なり、まるで黄泉の国からの葬送曲にも聞こえた。さすがにもう眠りにつくことはできない。私は、ホテル近辺を歩いてみることにした。

ホテルの前の通りは、いつもと変わらず静かだった。近くに魚市場があるのだが、そこに向かう漁師の姿がちらほらと見られるだけだ。市の中心へと至るスクエアがある北の方向に歩いていくと、黒煙が上がっているのが目に入った。タイヤを燃やしているのだ。ここではなにかに抗議するときにもそうするが、喪に服す意味合いもある。近よってみると、若者たちがアラファートの写真を掲げ、その横にファタハの旗を並べて、タイヤを燃やしていた。自動車も増えてきた。何台かの乗用車とタクシーが通り過ぎたが、どの車もフロントガラスにアラファートのポスターを貼り付け、クラクションを鳴らしながら通り過ぎていく。

重く垂れ込めた空に向かって、地上から黒い煙が拡がり、吸い込まれていく。昨日までは、ただうっとうしいだけの曇り空だったのが、今では天までもがアラファートの死を悼んでいるかのようだ。少なくとも、そう表現されることになるだろう。現象は、その時々の事象や人間の意識によって、どのようにでも言い換えられる。

しばらくそのあたりに立って目の前の状況を見ていた。若者たちは、さらにタイヤを持ってきて、火をつけている。通りすぎる車に手を振り、車はクラクションで応える。誰もが驚くほど静かに行動している。

空を見上げると、いたるところから黒い煙が立ち上っているのが見えた。多くの人々が哀悼の意を表しているのだ。ガザでもヨルダン川西岸でも同じだろう。世界中のパレスチナ人が、同じように哀悼の意を表しているのかもしれない。アラファートを好きでなかった人たちもいるだろうが、偉大な指導者が亡くなったことには、やはり感慨深いものがあるのではないかと思う。

評価は分かれるかもしれないが、これほど世界に認知され、少なくとも一時代を築き、パレスチナ問題を世界の重要な政治問題とした人はいなかった。アラファートはまさしくパレスチナの顔だったし、多くの人々の意識の中ではパレスチナそのものだった。彼の死は、まさにパレスチナ、あるいはパレスチナ解放闘争の死を意味するのだろうか。そうでもあり、そうではないような気もする。いずれにしても、パレスチナの偉大な時がひとつ、終わったのだ。

私は、シャッターが降ろされた通りをゆっくりと歩き続けた。ときおり車が通ることと、空を染める黒い煙の帯以外は、ガザはまるで死の街と化したかのようだった。人々は、四〇年もの長きにわたって自分たちの代表とされてきた人物の死で、これから何が起きるのかを見極めようと、家の中で息を潜めているのだろうか。

ガザの中心街に来ると、たくさんの若者たちが集まっており、派手にタイヤを燃やしていた。黒い煙は私の体にもまとわりつき、まるで生きているかのように、服や肌を黒く染めた。そこには、何人かのジャーナリストもいた。

誰かに呼びかけられた気がしてそちらを見ると、アハマドが車の中から手を振っていた。横には、以前見かけたことのある米国人の女性フォトグラファーがいて、やはりこちらに手を振っている。彼女は、車から降りると、若者たちとタイヤの火やアラファートのポスターなどを撮影しはじめた。

「今朝彼女から電話があってね、後で行くから待っててくれ、すまん」

他の人間を乗せていて気まずいのか、アハマドはなぜか私に謝っていた。

「気にするなよ。大丈夫だよ。後でホテルに来てくれ」

私は、しばらく中心部を歩いた後、またホテルの方角へと歩き出した。

これからどうなるんだろう。歩きながら、そのことを考えていた。私はこの情勢の変化と関係なく、これからも撮影したり、文章を書いたり、様々なことを見ていくつもりだ。部外者としての自分には、本当の意味での居場所は、ここにはない。でも、二〇年近く関わってきて、それなりに思い入れもあるという、中途半端な私の立場というのは、行き所のない迷い犬みたいなものだ。

ホテルに帰ると、従業員と数人のパレスチナ人が、食い入るようにテレビに見入っていた。私が入っていってもまったく気にかけることもなく、レセプションの若い男も、テレビの前で固まっている。彼らにとっては、天変地異にも匹敵する出来事なのだろう。それは十分に想像できる。遠い地球の裏側からやってきた、素性も知れぬ東洋人など、彼らの視界には入っていないのだ。

彼らが見ていたのはアラビア語の放送だったが、私もしばらくカフェのソファに腰掛けて、それを眺めた。アラブ人のレポーターは、明らかに感極まっていた。アラファートはそれほど人気があったのか。驚いたのは、アラブ各国の国家元首たちが、沈痛な面持ちでうち拉がれていたことだ。それは演技かもしれないが、少なくともそう振る舞うことが利益になると思ってのことだとしたら、やはりアラファートという男は大物だったということになる。

世界がトップニュースでアラファートの死を伝え、彼の人生を振り返るドキュメンタリーを流し、特番を組んだ。この傾向はしばらく続くことになるのだが、ただ一国、イスラエルのメディアだけは、冷静に（少なくともそう装って）、あくまでも一テロリストの死という立場で扱っていて、世界のメディアの英雄的な扱いとは一線を画していたのが印象的だった。イスラエルとP

LOの対立の歴史を考えれば当たり前のことでもあるのだが、それでも非情なほど冷淡な扱いではあった。

アラファートの葬儀は、ラーマッラーで行われることになった。世界中のメディアが、ラーマッラーに集まっていた。ラーマッラーに行こうかとも考えたが、多くの報道陣が世界中から来て、収拾がつかない騒ぎになることは間違いない。私はガザに残ることにした。これだけの人物の葬儀というのは、バリューとしては大きいと思うが、私としてはそういうことよりも、ガザで静かに考えたかったたし、この静まりかえった街や、物憂げに過ごしている人々の様子のほうに、煌びやかなイベントの裏にある本質というか、もっと見ておくべきことがあると感じていた。

ガザ地区の最南端のラファという町に、数年来の友人アブーマフムードがいた。エジプトとの国境沿いにあった家をイスラエル軍に破壊され、その後移り住んだ家も破壊され、今では公共施設の空き部屋に、家族共々仮住まいをしている。以前、イスラエル軍が破壊したエリアの撮影のためエジプトとの境界の近くに行ったとき、廃墟と化した家の前で意気消沈している彼に会い、流暢に英語を話す彼から、様々な情報を仕入れたのだった。それ以来、アブーマフムードとは友人関係が続いている。

彼の家で、私はテレビ画面に映し出されるラーマッラーのお祭り騒ぎを見ていた。アラファートの遺体を乗せたヘリが飛んでくると、周囲にはおそらく数万人の人間が殺到し、自動小銃を空に撃ちまくり、撃って、撃って、さらに撃って、戦争でもそこまで撃たないだろうというくらいに、撃っていた。上に撃っているとはいえ、危ないことこのうえない。空から落下してくる銃弾で、多かれ少なかれ死傷者が出ていることは想像に難くない。

ヘリは人の波に呑み込まれて見えなくなるほどだった。群衆がお互いに押して、押されて、右へ左へと流れていく様も、おそらくビルの上から撮影しているであろうカメラで子細に捉えられていた。テレビカメラは、望遠で人々の顔がわかるくらいの画角で、ゆっくりと移動し、人々が押し合いへし合いし、叫び、顔をゆがめ、怒ったような顔や泣きそうな顔を探して映し出していた。パレスチナ特有の熱い日差しの下で、ヘリのローターとエンジンの爆音と耳をつんざく銃声に包まれ、人々の汗が飛び散り、涙が滴る様子が、まるで手に取るように映し出されていた。

ヘリから降ろされたアラファートの棺が、人々のひしめきあう海の上を漂っていった。その棺に触れようとする無数の手。棺は、右に左に傾きながら、上に下にと浮き沈みしながら、静かに進んでいく。カメラが画角を変え、広角で全体を捉えると、棺は大きなうねりの中を進む小舟のように見えた。雷鳴のように響く銃声と怒号の渦の中で、これはもう葬儀というよりは、何かもっと私たちの感覚の深いところに訴えかける儀式のようにも感じた。

私自身、もし現場にいたらまた違う感覚を持ったことだろう。あの場であの熱気に包まれたら、意識が崩壊して、撮影どころではなくなるのかもしれない。


静かな部屋でマットレスに寝そべり、テレビを見つめている私とアブーマフムードの前を、子どもたちが走り回っていた。隣の部屋では、奥さんが、台所仕事に精を出している音が聞こえていた。まな板で何かを切っているトントントンという小気味よい音と、鍋で何かを煮込んでいるグツグツいう音が、日常の中に私をつなぎ止めている。料理のいい匂いが微かに漂ってきていた。

外では、久しぶりに日の光が充満し、まるで夏のような暑い日だ。街全体が静まりかえっていた。微かに鳥の囀りが聞こえた。

「なあ、我が友よ」

アブーマフムードが、やはりマットレスに寝そべりながら、私に語りかけた。気怠そうに、やっと喉から絞り出しているという声だ。

「アラファートは、偉大な男だったんだなあ」

急に何を言うのだろうか、私は思わず彼の顔を見た。テレビの画面を目を細めて見やり、煙草の煙を静かに吐き出しながら、彼はもう一度言った。

「アラファートは、偉大な男だったんだなあ、そうだろ?」

「わからないけど、そうだったんだと思うよ」

一瞬考え込んだ私は、なんと答えていいのかわからず、とっさにそう返した。

言い終わってから、なんと間抜けな答えかと自責の念に駆られたが、何か気の利いた言葉が頭に浮かんでくるわけもない。

テレビの画面には、相変わらずの大混乱が映し出されていた。現地でレポートしている男も、カメラに向かって絶叫している。それは、ここから距離としてはそう遠くないところで、まさに今現在起きていることなのだが、まるで地球の裏側か他の惑星で起きているかのごとく、遙か彼方の出来事のようにも思えた。

やはりテレビ画面を目で追っていたがアブーマフムードには、何ともいえない虚無感とでもいうのか、哀しみが漂っていた。彼に限らず、多くのパレスチナ人にとって、ひとつの重要な節目であることは間違いないだろうし、彼らの人生そのものに多かれ少なかれ、影響を与える出来事でもあるだろう。また私には、起きていることの意味を厳密には理解できないだろうし、何を言っても的外れになりそうな気もした。異邦人としての私は、まさに単なる傍観者として存在しているだけであり、彼らの真意がわかるはずもなく、また何を言うことも許されないような気がしたことも事実だ。

アブーマフムードは、長い間、湾岸諸国で働いていた。占領下のパレスチナで仕事を得ることは難しく、家族のために海外に出稼ぎに出る人が多かった。彼もその一人で、稼いだ金を毎月家族に送金し、また貯金して、頑張って働いていた。湾岸戦争の後に、パレスチナ人の多くが湾岸諸国を追われたが、それはアラファートがサッダーム・フセインを支持したからであり、多くのパレスチナ人にとっては降ってわいた災難だったはずだ。

アブーマフムードは一九九三年のオスロ和平合意を受けて、パレスチナに平和が来ると信じた。だからガザに帰り、家を建て、家族と慎ましくも平穏な生活を築こうとした。けれど、今や全てが灰燼に帰してしまった。異邦人といえどその心中は想像できる。生きていくのも辛いほどの衝撃を受けているだろう。でも、私が何を言っても意味がないし、何の慰めにもならない。

アラファートの死とそれに続く騒ぎは、数日後には静かに収まっていき、音もなく波が退いていくように、いつのまにか過去のことになっていった。

ラファからエルサレムに戻った私にとって、アラファートの死は、他の多くの殉教者たちと同じく、壁に糊付けされたポスターの写真程度の意味しか見いだせなくなっていた。最近まで確かに生きていた人物だが、でももうずいぶん前から伝説になっていた人物のようにも思える。アラファートという個人の実像は、多くの伝説や粉飾によって実態が見えなくなっていたのだろう。彼自身にとってもそうだったかもしれない。アラファートという人物を演じきったひとりの老人が、用済みになって静かに世を去っていったのだ。時は流れ、決して過去へと戻ることはない。人々の記憶も曖昧になり、いつしか現実だったのか神話だったのか、定かではなくなっていくのだろう。

II

廃墟と化した街の中心街が目の前に拡がっていた。蜂の巣のようになった壁が視界の届く限り続いているが、そこが豪奢な通りだった面影は感じられる。高層ビルや欧風の洒落たシャトーのような建物は、金持ちや欧米のヴァカンス客が集うホテルだったのだろう。カジノや映画館、バーらしき建物もあった。傾いた看板には、肌もあらわな白人の女の官能的な絵が描かれ、そこは特に念入りに撃ち抜かれていた。

住む者もいない廃墟を、我が物顔で闊歩しているのは、若い民兵たちだ。欧米のヒッピーとさして変わらない表情で、煙草をくわえて徒党を組んでいる。違うのは、誰もが自動小銃を手にして、弾帯や手榴弾で着飾っていることだ。それもファッションの一部に見えるほど、彼らは無邪気であり、またお洒落でもあった。

かつて中東のパリと呼ばれたこの街の通り。政治や経済の中心であり、社交の煌びやかな残像が微かに匂い立っている場所を支配しているのは、銃の論理であり、かつてのベイルートで、このあたりに徘徊する人々を軽蔑と羨望の入り交じった視線で見つめていた若者たちである。

晴れ渡った空に夕暮れが迫る頃、高層ビルの上から、激しい銃撃がはじまった。対立する組織が、それぞれビルに陣取って撃ち合っているのだ。通りを歩く若者たちは、それを無感動に見上げ、すぐに視線を足下や周囲に戻した。よく見ると、彼らの表情は疲弊していた。戦闘に疲れたのか、仲間が死んだのか、あるいは何か悩みがあるのだろうか。

海岸通りに出ると、地中海の夕日が美しく輝いていた。平穏な頃と同じように、廃墟の街を照らし出し、遊歩道の欄干にもたれた若い民兵は、まるでリゾートで遊ぶように、脱力したように休んでいる。美しい夕日は、彼らにも一瞬の平穏をもたらしているのだろうか。

あたり一面が赤銅色に染まる時、夕日を背にした男が向こうから歩いてくるのが見えた。あれはジハードだ。

私がジハードと勝手に名付けた男が、まるで海から上がってきたかのようにこちらに向かってくる。例によって、胸にはカメラをぶら下げ、肩からは自動小銃を掛けていた。

岩場に打ち寄せる波音の中、静かに歩いてきた彼は、そのまま私の視線の前を横切って、街の中へと去っていく。まるで滑るように歩いている。ジハード、どこへ行くんだ。私がそう心の中で問いかけると、その声が聞こえたかのように、その問いを待っていたかのように彼は振り向き、眩しげに目を細めながらこちらを見た。笑っているようにも見えたが、もしかしたら訝しんでいただけかもしれない。

ジハードはすぐに前に向き直り、私たちに覆い被さるように拡がる廃墟へと歩を進めていった。どこからか激しい銃声と爆発音が響き、街全体を嘗めるよう拡がっていった。いつしか急に霧がかかったように視線がぼやけはじめ、目の前が真っ暗になっていった。

丘の上の展望台から見るエルサレム旧市街の眺望は、思わず唸ってしまうほど素晴らしいものだった。日中は暑すぎる気温も、午後四時を過ぎる頃からは徐々に陽の光も柔らかくなり、歩いて散策するのにはふさわしい時間だ。

旧市街を出たところでタクシーを拾い、オリーブ山に行った。名前の美しさと、実際に生育しているオリーブの木が連なるこのあたりの景色が、私はたまらなく好きだ。この地域を語るのに、オリーブ抜きでは考えられないほどだし、実際にオリーブはあらゆる場面で登場する。まるで魔法の木のようだ。地中海世界全体で植生されているオリーブだが、パレスチナのオリーブは格別なものがある。オリーブが平和の象徴とされ、またパレスチナ解放のシンボルともなっていることも関係しているのかもしれない。

オリーブの木々が風に揺れるのを横目で見ながら、古い石造りの建物や傾きかけた教会の脇を通っていくと、目の前がサッと開けて、感動的な眺望が拡がる。最初にオリーブ山を訪れたとき、この光景を見て思わず唸ってしまったほどだ。古より、多くの人々がここからの眺望に見入って、しばしの休息をとったことだろう。

預言者のイブラーヒーム（アブラハム）やイエスもこの地に立ったと伝えられている。それから数千年後の今、異なった光景も多く入り込んでいるとはいえ、基本的にはオリーブ山からエルサレムの城壁を望む光景は変わっていないのだ。降り注ぐ光が視界を微かに遮り、記憶が過去と未来を行き来する。

ふと前方を見ると、目の前に旅の疲れを癒す隊商が休んでいるのが見えたような気がした。道行く人たちも、これから向かうエルサレムの旧市街に目をやり、静かに見つめている。いつの間にか、数千年の時を遡ってしまったかのようだ。すぐに我に返り、改めて見回すとそこには観光バスが停まり、賑やかな観光客たちの嬌声が響いている。先ほどの隊商の姿と現代の観光客の姿が重奏し、その向こうには静かに、そして偉容をもって存在するエルサレムの旧市街が見えている。過去と未来を繋ぐこの地では、他の場所に比肩して過去から引き寄せる力が多少強く働いているのかもしれない。私が度々過去のイメージに囚われるのは、そのためなのかもしれない。

観光地でもあるこの地には、一日に何度も観光バスが乗り付ける。世界中からの観光客がここに来て、至高の聖地エルサレムを眺め、大きな感動に包まれて帰っていく。私は観光客から少し離れて、静かにエルサレムを眺める。いつ来ても、いつまでいても、飽きの来ない場所でもある。

エルサレムの街の中は、活気があって様々な雑多な音や匂いの漂う、世俗的な生活の場でもある。しかし、オリーブ山は、どこまでも静けさが支配する不思議な場所だ。風に乗って流れてくる教会の鐘の音やモスクからの礼拝の呼びかけが、するりと耳に流れ込んでくる。

エルサレムは、聖地とされているパレスチナ全体の中心であり、確かにその風格を感じる。空気や匂い、各地の雰囲気、様々なものから醸し出される気配とでもいうのだろうか。聖地の痕跡が、あらゆるものに染みこんでいるのだろうとしかいいようのないものだ。そしてエルサレムは、聖地故に紛争地でもあるという、宿命を背負った地でもある。この数千年の間に、エルサレムを巡ってどれだけの血が流されたのだろう。そう思うとき、この静謐な空間に秘められた歴史の過酷さを意識せざるを得ない。繰り返されてきた歴史は、これからもまた繰り返されていくのだろう。誰もが平和を求めながら、そのために多くの血が流されていく。それが人知を越えた次元の問題なのか。どうしようもないことなのか。私にはわからない。エルサレムの岩のドームを望みながら、問いかけるけれど、聞こえてくるのは風の音ばかりだ。

エルサレムを後にして、ヨルダン川西岸へと向かう。市内の雑踏と渋滞を抜けると、すぐにのどかな景色が拡がっている、といいたいところだが、残念ながら年々開発が進み、新しい道路、新しいユダヤ人の町（入植地）ができていて、人工的な造形の醜悪さを晒している。人工的造形には美しい場面もあるとは思うけれど、聖地の美しい自然を切り開いて建てられた無機質で画一的なアパート群を美しいとは思えない。

イスラエル政府は大エルサレム構想として、周辺の地域も取り込もうとしている。つまり、エルサレムの市街地を拡大して、周辺の入植地（パレスチナ人の土地に建てられた、ユダヤ人の住宅地。国際法で違法とされている）と繋げてしまい、大エルサレムを造り、それを既成事実化しようとしているのだ。神の意志を絶えず口にする国家が、人為的な開発に必死になっているのは見ていて滑稽でもあるが、この地に住むパレスチナの人にとっては、心配の種は募るばかりだ。

ようやく落ち着いた町並みが見えてきた。ベイトジャッラという、ベツレヘムに隣接したキリスト教徒の村だ。イスラエルの造ったハイウェイから見えてくるのだが、ハイウェイの両側には、厚いコンクリートの壁が建てられていて、景色がよく見えない。この壁はベイトジャッラからのパレスチナ民兵の銃撃を防ぐというのが目的だという。ベイトジャッラの向かいの丘には、ユダヤ人入植地であるギロの、味気ない団地のような建造物群が見えている。この入植地も、年々規模が拡大している。今ではエルサレム郊外という呼び方をされており、入植地をエルサレムと繋げてしまう計画の一環だといわれている。そうすれば、将来的にパレスチナへの返還が必至となっても、ここはエルサレムだと主張できるということか。いずれにしても、長く変わらない風景の中に忽然と現れる人為的な創造物は、全てのバランスを崩しているように思えてならない。

聖地を旅するとき、目の前の俗事には関わらずに、もっと奥深いもの、たとえばこの地域の歴史や文化、信仰、あるいは土地に流れる力などを感じたいと思っているが、パレスチナではどこに行ってもこういった人為的な障壁にぶつかることになる。実際にそれらを目にしたときに、思考が妨げられてしまうのだ。

ベイトジャッラからベツレヘムへ入っていくことも可能なのだが、裏道でもあり、イスラエル軍によって閉鎖されていることも時々ある、山間の狭い道だ。パレスチナ人や多くの観光客と同じ経験をしたければ、あえて観光バスと同じルートをたどるのがいい。エルサレムからハイウェイをまっすぐに進むと、やがて巨大な壁が目の前を塞ぎ、そこからは歩いて壁を越えることになる。まず大きな建物の中へ入り、パスポートチェックや荷物チェックを受ける。ガザの状態と似ているが、ガザよりははるかにマシだ。ここでは、私たち外国人は、実質的にはチェックを受けない。パスポートをかざすだけで、兵隊たちは手を振って通らせてくれる。しかし、パレスチナ人たちは延々と並ばされ、何時間も時間を無駄にして通過しなければならないのだ。その様子を眺めていると、並んでいたパレスチナ人のひとりが私に笑いかけてきた。

「日本人？　ようこそパレスチナへ」

「こんにちは。どのくらい並ぶんですか」

「一時間くらいかな。まあいつものことですよ」

そう言うと、彼は微笑みながら手を振ってくれた。

つい忘れがちになるけれど、彼らは慣れているのだ。そして、こういう状況で生きていく術を知っている。むしろイスラエル軍の兵士のほうが、余裕がなさそうに眉間に皺を寄せてせかせかしていて、それが滑稽でもあった。

建物の外に出ると、目の前に灰色の壁が迫っている。壁に大きく書かれた一文に、私の視線は否応なく釘付けになった。

「WELCOME TO ISRAEL　Ministry of Tourism」

壁には「平和」の文字も躍っている。なんとも皮肉な一文ではないか。こういう感覚がどこから生まれてくるのだろうか。イスラエルがセキュリティーに過敏になっているのはわかるが、この壁に象徴される政策が和平を脅かし、セキュリティーの問題を生じさせていることは間違いない。パレスチナに来るたびに見ることになる壁やフェンスは、和平というのが絵空事であるということを、目の当たりにさせる。

灰色の壁の手前にある最後のX線の機械の間を抜けて、壁に開いた狭い穴を通り抜けると、突然懐かしいパレスチナの匂いが漂いはじめた。壁と有刺鉄線に囲まれた通路をしばらく歩かされるが、それでも気分は軽やかになる。壁の向こう側と同じ空気、同じ空の下にいるのに、明らかに違う何かが漂っているからだ。微かにアラブ音楽が聞こえ、歩いていくと、タクシーの運転手たちがたむろしていて、私を見つけると我先にとこちらへやってくる。

「パレスチナへようこそ。さあ、どうぞ」

私に先に声を掛けた運転手と他の運転手がなにやら言い争っている。誰が私を乗せていくかで揉めているようだ。観光客は少ないのだろうし、外国人ジャーナリストらも、ほとんど来ていないのだろう。巡礼客は、たいていエルサレムからバスをチャーターして来るので、タクシーを使うことはない。そこへ私のような人間が来ると、仕事にあぶれている運転手たちの間で奪い合いになるのだ。

最初に声をかけてきた男のタクシーに乗り込み、ベツレヘム中心街を目指した。運転手はまだ若い男で、しきりに観光地のパンフレットを出したりしてくる。今日はこれからどこへ行くのか、明日はどこに行くのかとうるさい。彼らの気持ちはよくわかるが、私は自由にいろんなものを見て歩きたいのであって、ことさら観光地ばかり勧められても困ってしまうのだ。運転手の名刺をもらい、何かあれば連絡するということにした。別れ際に、絶対に電話してくれよと哀願するような彼の目は、いくぶん血走っているように見えた。

いうまでもなく、ベツレヘムはイエスが生まれた地だ。ここに来たのは、イエス縁の地ということもあるが、旧友に会いたかったことと、この町の雰囲気が好きだということが主な理由だ。

その友人はキリスト教徒のパレスチナ人で映画監督のサイードだ。いい意味で垢抜けた、洗練された人間で、彼がパレスチナ人であるということを意識せずに話ができる。ことさら、紛争のことや政治や宗教のことを語ろうとせず、また彼自身が映画監督ということもあり、アーティスティックなものに造詣が深かった。連絡を取ると、すぐに会おうということになった。待ち合わせ場所は、聖誕教会の前の広場だ。

私が滞在するホテルは、ベツレヘムの旧市街を出たところにあったので、一〇分くらいの道のりを歩いていった。

石造りの家が両側に並ぶ、石畳の通りを歩いていく。ほんとうに人が住んでいるのかと思うほど通りは静かだ。歩きながら、この通りが、イエスが生まれたことを知った東方の三賢人が、歩いてベツレヘムに入った道だったことを思い出す。そんなことを考えていると、二千年の時を超えて、ロバや馬で旅をしている男たちの姿が浮かんでくる。夜空の星を目印にして、預言者の誕生に心躍らせながら歩いてきたのだろうか。時代は違うけれど、現代のスターストリートもまた、静かに思索に耽りながら歩くには、相応しい雰囲気を漂わせている。

しかし、そうして歩いていても、石壁やシャッターを下ろした店先に張られたポスターに、否応なく視線が釘付けになる。二〇〇二年に、イスラエル軍がこの街に侵攻してきたときに、戦って命を落としたパレスチナ人たちのポスターだ。すでに色褪せて、破けたり剥がれたりしているが、今でも当時の記憶を甦らせてくれる。わずか数年前に起こったことなのに、世界の多くの人々の記憶から失せてしまった出来事。イエスが生まれた地を血で汚した出来事は、世界に衝撃を与えた。このスターストリートにも、たくさんのイスラエル軍戦車や装甲車が入ってきていたことを思い出す。戦車のキャタピラの跡を、今でも見ることができる。本来起きてはならないことが起きてしまったのだが、それすらもまた、時と共に忘れ去られ、いつしか過去の記憶となっていく。

通りを抜けていくと、やがて市場街になる。そのあたりは人々で賑わっていたが、往時と比べるとかなり寂しい様子だ。シャッターを下ろしている店も目につく。さらに歩くと、すぐに聖誕教会の前の広場に出る。一気に目の前が開け、正面に見える古い石造りの建物。それが聖誕教会だ。広場の入り口でしばし立ち止まり、その光景に見入る。左右を見回すと、思い思いに寛ぐ人々の姿が散見される。のどかな光景だ。聖誕教会に面した一角に、以前よく通ったケバブ屋がある。懐かしくなって覗いてみると従業員はみな元気そうだった。挨拶を交わし、あとでくるからと伝えて店を出た。

広場の隅で腰を下ろし、目の前の古い教会や、それと対面にあるモスクを行き交う人々を眺めて過ごしていると、サイードがやってくるのが見えた。

彼の映画は、日本のローカルな映画祭でも上映されたことがある。欧州では各国の映画祭で上映され、評価も高い。ネイティブのパレスチナ人としての何気ない日常から、彼らの思いが伝わってくる秀作だ。派手さはないのだが、日常を淡々と追った映像や、サッカー好きのパレスチナ人たちの様子とそれに絡めて占領を描いた、当事者にしかわからない社会内部の問題や人々の葛藤を描いている作品が多い。

手を振って、笑いながらこちらに向かってくるサイードに笑顔で答え、握手をする。

「久しぶりだね。元気そうだ。最近は何か撮っているのか」

「今はいろいろと構想を練っているよ。撮りたいテーマもあるし、やりたいこともたくさんあるけど、一番問題なのは、映画を撮る金がないことだ」

そう言って、彼は笑う。

金の問題は、いつでもついて回る。世界中どこでもそうだが、よいものを創ろうとしている人に限って金がないということは多い。サイードのような若くて、意欲的で、優秀なアーティストは、パレスチナだけでもかなりいる。しかし、その多くはやはり資金難に直面している。だから、彼らはきっかけさえつかめれば、海外に出ていくことが多い。サイード自身も何度も奨励金を得て海外に出ている。

「今回は、何を撮りたいんだ」

今度は、サイードが私に聞いた。

「何ということはないんだ。ただ、ベツレヘムの聖なる空間や人々の暮らす何気ない場所や、とにかくただ歩いてみたい。その中で、印象深い一枚が撮影できたらいい」

彼は、わかったような、わからないような表情を浮かべながら、頷いた。

何か目的をもってということではない。銃撃戦や、死体を撮りたいということでもない。平常心を保って、ただ歩いてとにかく見る、感じる。そうすることによって、見えてくるものがあると、私は信じている。陳腐な表現だけれど、本質を想起させる写真を撮りたいというのが本心だ。

ベツレヘムに来たら聖誕教会へ行かない手はないから、まずは聖誕教会の中へと入る。イエスが生まれた場所の上に建てられたと伝えられる教会であり、世界のキリスト教徒にとって、聖地の中の聖地だろう。いつでも海外からの巡礼者が来ているが、このときはロシア人の巡礼ツアーで賑わっていた。人混みを縫って教会入り口に近づいていくと、それほど高さはないけれど独特の風格を備えた教会が目の前に迫ってきて、何度来てもその迫力というのか佇まいに圧倒される。

教会の入り口はかなり狭い。小学生低学年くらいの子どもが普通に入れるほどであり、私の場合は、身を屈めて慎重に体を通さなければならない。中に入ると、一般的な教会のイメージとは違う、そしてかなり広い空間が拡がっている。饐えたかび臭い匂いが漂っていて、まるでイエスの時代の空気がそのまま残っているか、あるいはこちらが一気に二〇〇〇年の時間を戻ったのではないかという錯覚に陥る。サイードがいろいろと解説してくれるが、私はあまり熱心には聞いていなかった。史実も興味深いのだが、この場所では、視覚や嗅覚がもたらす衝撃と、頭で理解しているイメージが混交し、そういうものではない何かを感じることができるように思うからだ。

何度も建て増しされてきたこの教会は、一番古い部分では少なくとも千年以上は経っているという。幾多の人々が踏みしめてきたであろう足下から教会の奥へと視界を拡げていくと、床の石畳が一部剥がされているのが見え、その下には精巧なモザイク画が現れているのがわかる。その下には、さらに何かありそうだが、立ち入ることはできないようだ。多くの人々がいるが、誰もが声を潜め、壁に描かれた宗教画や、奥の方の豪華な祭壇などに見入っている。小声で話しても異様に大きなエコーとなって充満する。いったいどういう構造になっているのか。実に不思議な建物だ。

それにしても、聖誕教会の中は、ほんとうに心が安らぐ場所だ。ほとんど光が差し込まない構造や、その原初的な古さから来るのか、それともイエスが生まれた場所という概念が、精神に多大な影響を与えているのか。いずれにしても、教会の奥にある祭壇のようなところの石段に腰を掛けて、静かにあたりを見回していると、気持ちが落ち着いて、時が経つのも忘れてしまう。

それは観光客たちも同じようで、教会の外ではあれほど賑やかだった団体も、教会に入ると途端に静かになる。感極まったという表情で立ち尽くす人や興味深げに壁や天井、あるいは床のモザイク画に見入る人たちの押し殺した息が微かに聞こえる。

祭壇の脇、その奥に地下に降りる石段がある。その周辺には、聖母マリアとイエスのイコンがいくつも見られるのだが、それらはイエスの死後早い段階でこの地にやってきたギリシア正教の影響を色濃く感じるものだ。聖像画の前に、通りかかる人々が蝋燭を灯す。蝋燭が幻想的に灯り続けている薄暗がりの中で、並んでいる聖像画に見入っていると、一人の男が私に話しかけてきた。ブロンドの長髪を頭の後ろで束ねた、ヒッピー風の若者で、一見欧米人かとも思えたが、英語のイントネーションからすると、キリスト教徒のパレスチナ人らしい。

「あの絵を見たかい」

彼の指さしているのは、石壁の縁のあたりに掛かっている、かなり煤けた感じの古いイエスの聖像画だった。古いからだろうか、使われている金の絵の具も色褪せて、よく見ないとそれが聖像画だとわからないほどの代物だった。

「ああ、何度か見たよ」

「そう。実は以前あの絵を見ていた女性が、イエスを見たんだ。つまり、あの絵に描かれているイエスが、浮かび上がってきて動いたんだよ。じっとこちらを見ていたそうだ」

またこういう話か。聖地にはよくある話だが、神がかり的な奇跡や超常現象が起きたという話は、パレスチナにも多い。人間の心が創りだした現象なのだろうが、少なからぬ人がそういう話を信じ込んでしまうものだ。内心ウンザリしたが、青年の目が真剣なだけに、この場所にいるだけに、今にもイエスが現れそうな気がしてしまうから不思議なものだ。青年に言われて、思わず絵の掛かっているあたりを、凝視してしまったぐらいだ。

「残念ながら、動いてはいないようだ」

「一人だけでなく、何人もの人が見ているらしいよ」

案外そういうこともあるかもしれない、と思う。青年が絵に見入っているので、私もしばらくそうしていた。もちろん絵が動くことはなかった。動きはしなかったが、その絵が素晴らしいタッチで描かれており、美術的な価値は高いのだろうということは理解できた。宗教の奇跡のいくつかは、思い込みが高じて、奇跡が起きたと信じ込むことからはじまるのだと思う。信じる者は救われるというし、それでその人が幸せになれれば、その人は救われたのだから、よいことには違いない。しかし、それを他人に強要するのは間違っている。残念ながら、世界にはその手の詐欺的な宗教もどきが満ちあふれている。

その場を離れて、私は地下への石段を下りていった。賛美歌の合唱が聞こえてきた。巡礼者たちが跪いて歌っているのが見えた。足音を立てないように降りていき、彼らの邪魔にならないように、列の後ろへ行った。厳粛な雰囲気の中で響く歌声、誰もが目を閉じて、それぞれがイエスと対話している。やがて合唱が終わり、場が静かになった。それぞれが、前を見つめて写真を撮ったり、小声で友人や親族と話したりしている。

皆が見つめていたところは、まさにイエスが生まれた場所とされている。そこには煌びやかな装飾が施され、生まれ落ちたイエスと聖母マリア、それを見守るのは、東方の三賢人だろうか。その下は祭壇のようになっていて、石造りの床に印が描かれている。そこが、聖誕の場所といわれているところだ。うまく表現できないが、そこにはまるで暖炉に頭を突っ込むような感じで入っていくのだが、敬虔な信者たちは、一人ずつ頭を突っ込み、印のあたりに接吻し、しばらく動かない。長い人は一分以上固まっている。キリスト教徒は世界中にいるが、わざわざ時間とお金をかけてここまで来た人たちである。感極まって嗚咽にむせぶ人も少なくない。信仰の力というものを、まざまざと見せつけられる場所でもある。

私はといえば、人々をただ見つめるだけだ。キリスト教という形骸化した宗教を信仰していなくても、イエスという人間が歴史上希有な人物だったことは確かだし、ここで生まれたかどうかということはあまり関係なく、この地が彼に縁の地であり、預言者が生まれたというだけでなく、なにか特殊な力を持った地だという感覚は、確かに感じることができる。

それにしても、これほど精神が静まる場所も珍しい。私はベツレヘムに来るたびに、まず聖誕教会を訪ねる。それは日常の生活で疲弊した精神や、疲れ汚れきった肉体や脳、神経をリフレッシュさせるための本能からかもしれない。そして、実際に効果があると実感している。

外に出ると、手持ちぶさたそうに待っていたサイードが、私の姿を見てにこやかに近づいてきた。

「悪いね、長く待ったかい」

「いや、大丈夫。それよりも、面白いところがあるから見に行こう」

そう言うと彼は大股で先に立って歩いていく。

彼は、私が宗教や文化、歴史などに興味があり、また多くのフォトグラファーたちとは違う視点で、パレスチナを描きたいと思っているのを知っていた。また、そういう私の意図を、彼は好んでくれてもいるようだった。

「聖誕教会の地下に、たくさんの人骨があるんだ。イエスの誕生を知ったヘロデ王が、預言者の出現を恐れて、二歳以下の子どもを全て殺したと言われているんだけど、実際に子どもたちの骨がたくさん出てきたんだよ。伝承が正しかったと私たちは信じているんだ」

話を聞きながら、興味を惹かれた。それほどの史実の証拠を、今まで知らなかったからだ。

聖誕教会の裏手に、地下へと降りる階段があった。降りていくと、だんだん空気がひんやりとしてきた。深さとしては一〇メートルくらいだろうか、もう少しあるかもしれない。壁にはヘロデ王にまつわる話が書かれている。

奥の部屋に入っていくと、それはあった。壁に鉄格子が嵌っていて、そこから覗くと確かに人骨がたくさん見えた。いくつもの部屋があり、砕けた骨が無造作に転がっていた。はっきりと頭蓋骨が残っているものもあった。

古い造り石畳の中に、骸骨が転がっている光景が続いている。蝋燭の光だけで照らされていて、それがまた絶妙の効果を生み、まるで二〇〇〇年前に遡ったかのような雰囲気でもある。古い宗教画が壁に掛かっていて、微妙な恐怖心とともに、不思議な安らぎを与えてくれる場所でもあった。

あまり宣伝されていない場所なのだろうか、そこにいたのは、私たち以外には中国人らしき夫婦のみだった。地上に戻ってくると、階段を上がりきった私の顔を強烈な太陽の光が包んだ。どこか遠い世界に行って戻ってきたかのように感じられた。

ベツレヘムの静かさや町の規模、各地へのアクセスのよさが気に入っている。最近はエルサレムに滞在せずに、ベツレヘムで過ごすことも多い。エルサレムから遠くないので、何かあればすぐに行けるのも都合がいい。年々開発が進み、人の多さや車の渋滞にウンザリするエルサレムに比べると、ベツレヘムでは静かに過ごすことができる。

ベツレヘム市内は歩いて散策できるが、時々町の外に出たりするには、やはりタクシーに乗るのが手っ取り早い。イブラーヒームは、そうして出会ったタクシー運転手の一人だ。年の頃は五〇代半ば、ベツレヘムに隣接しているディヘイシャ難民キャンプに住んでいる。その世代のパレスチナ人にしては珍しく、ほぼ完璧な英語を話す。非常に社交的な人物でもある。家に遊びに来ないかと誘われ、最近ではあまりそういった誘いに乗ることはなかったのだが、思わず頷いてしまった。ひとつには、ディヘイシャ難民キャンプを久しぶりに訪ねたかったということもあった。

ホテルに迎えに来てくれたイブラーヒームのタクシーで、彼の住むディヘイシャキャンプへ向かう。実際はタクシーに乗るまでもない距離だ。ベツレヘムを歩いていると、いつの間にかキャンプに着いていた、というくらい近い。九〇年代の初め、当時激しく続いていたインティファーダの主要な舞台のひとつが、このキャンプだった。

当時、連日のようにここを訪ね、殉教者の葬儀に出たり、多数の負傷者たちに会ったりしたことが懐かしい。キャンプは、見たところ当時とあまり変わっていなかった。難民キャンプというのは、もともとテント暮らしからスタートしていて、もちろん今ではコンクリートの家々が密集しているのだけれど、新しい建物を建てるスペースはない。多くの家庭では、増築で上に高くなっていく。イブラーヒームの家も、新しく三階部分を増築中だった。

「どうぞ。この家は、自分たちで建てているんですよ。なかなか時間がかかります」

門から入って、増築している三階部分を見上げながら歩く。素人仕事とは思えない立派なものだった。

家の中に入ると、奥さんや子どもたちが出迎えてくれた。応接間に通されたが、しっかりと手入れされ、ソファやテーブル、壁に掛けられた写真や絵など、見事にコーディネートされていた。

彼らの家がことさら立派というのではない。多くのキャンプに暮らすパレスチナ人たちは、特に家の内装やインテリアに凝っている人が少なくない。もちろん彼らは、三世代か四世代前に追われた故郷に帰りたいという気持ちを持ち続けている。しかし、現実的にそれが叶うことが困難である以上、現在の生活を少しでもよくしようというのは、自然な考え方だろうとも思う。

ソファに腰掛け、奥さんが持ってきてくれたお茶を飲みながら、四方山話に花を咲かせた。キャンプの暮らしや仕事のこと、インティファーダのこと、子どもたちや将来の夢など。日本の話も少し。その間にも、奥さんはコーヒーやお菓子を持ってきてくれた。彼の小学生の息子と中学生の娘も出てきて、勉強の話や好きなスポーツの話などで盛り上がった。

再会を約束して、夕方にはベツレヘム市内へと戻った。市内へと帰る道すがら、大きな新しい建物に行き当たった。ちょうど、イスラエルとの分離壁に沿ったあたりで、周辺には小さな難民キャンプもある。豪華なゲートの前に建物の名前が書いてあった。「インターコンチネンタルホテル」だった。世界中からやってくる巡礼者を当て込んだビジネスだろうが、難民キャンプの隣に高級ホテルとは。

この感覚が私には理解できない。国はなく、人々に自由や権利もない。仕事もない人が多い。という中であっても、こういった大きな資金の動くビジネスは、年々盛んになっているようだ。こんなやり方で大きな利益を上げている人がいるのは、どこの世界にもあるのだろうし、パレスチナでも変わらない。きれい事だけでは動いていかないのは世の常であり、仕方のないことなのかもしれない。しかしそれにしても、と思う。

夜のベツレヘムには、また格別な趣がある。ほとんど人のいない通りを歩いていると、聞こえるのは自分の足音と息づかいのみだ。家々の扉は堅く閉ざされ、石壁はひんやりとするほど冷たい。多くの家は三階建てだが、通りから上の階を見上げると、窓からは明かりが煌々と輝いていて、楽しそうな語らいやテレビの音が聞こえてくる。空を見上げると、漆黒の空に砂を散りばめたように星が輝いている。

聖誕教会の前の広場に出ると、スポットライトで照らされた教会が浮かび上がり、言葉にできないほど美しい。

ベツレヘムは高台に位置している。そこから見下ろすと、遙か彼方までの景色が見えるのだが、夜には漆黒の闇が拡がる。ところどころ大地に光る小さな光は、家々から洩れ出ているものだ。左手に異様に明るい広大な団地のようなものが見えているが、これはユダヤ人の入植地。昼夜を問わず、突貫工事で建設中のようだ。一つの丘全体を開発しているように見える。この地はユダヤ人にとっても聖地のはずだが、人為的な開発の繰り返しにより、まるで手術を繰り返す患者のように継ぎ接ぎだらけになっている。古と現在が混淆する地の聖と俗の対照的な光景。聖地に来て、人間の愚かさを見せつけられるとは思わなかった。千年以上もこの地に建つ教会は、この光景をどんな思いで見つめているのだろうか。

ベツレヘムからさらに南西に下っていくと、旧約聖書にも記述が見られる古い町、ヘブロンに辿り着く。いっけん何の変哲もない町なのだが、いわゆるパレスチナ問題においては、主要な係争地のひとつであり、また発火点のひとつでもある。なぜならそこは、預言者イブラーヒーム（アブラハム）とその妻や息子たちの墓がある場所だからだ。

ヨルダン川西岸地区を南北に貫く主要道を南下する。そこは緑豊かな大地で、オリーブ畑や小麦、各種野菜やフルーツの畑で埋め尽くされている。美しい光景であり、のどかな光景だが、それらに混ざって赤い屋根の新興住宅地が点在している。ユダヤ人の入植地だ。その周辺にはパレスチナ人農民たちの家が点在している。入植地の周りは電気ワイヤーのフェンスで囲まれ、軍の監視ポストが建ち、兵隊の姿も多い。どうしても視界に入る心をかき乱す光景。お互いが接して暮らしながら、まったく交流がない生活。疑心暗鬼に駆られ、たびたび衝突も起きる。彼らが拠り所にしているのが神であるならば、彼らの行動こそが神に逆らう所為だと思うのだが、それさえもが解釈の違いとなってしまうようだ。

メインロードから右折して入っていく道に出る。左手にイスラエル軍の監視塔があり、右手の道の入り口には、パレスチナ人のタクシーや商人たちがたむろしている。ここを入れば、ヘブロンに繋がる道だ。紛争が起きると閉鎖されたりするのだが、このときはのんびりとした空気が漂い、イスラエル兵もパレスチナ人も、互いに目と鼻の先でそれぞれの仕事に勤しんでいた。

ヘブロンに入っていくと、パレスチナ人たちの生活のまっただ中へ入っていくことになる。様々な騒音、行き交い渋滞する車。市場でひしめく人々。いくつものモスクから溢れる聖なる言葉の大音響。これこそが、プリミティブなアラブの世界だ。この雑多な日常こそが、生命力の迸りを感じさせる。

ヘブロンは、市外から来ると坂を下っていく感じになるが、底に当たる場所が町の中心になる。そこから旧市街に入っていく。旧市街は、私がこの地に来はじめた頃は活気に満ちた場所だった。しかし、その後の度重なるユダヤ人入植者やイスラエル軍との衝突を経て、廃墟のような状態となっている。静かな通りを歩きながら、物思いに耽る。何度も来ているこの場所、かつてここではこんなことがあったとか、あのときはこうだったとか、様々な記憶が去来する。忘れていたことでも、まるで靄が晴れて視界がひらけるように、突然はっきりと思い出したりもする。

二〇〇〇年に第二次インティファーダがはじまり、ヨルダン川西岸とガザの各地で連日衝突が繰り返されていた頃、ヘブロンでも大きな衝突が何度も起きた。

大きな衝突で死傷者が多数出た日に、私はヘブロンに入っていたが、当初はそれほどのことになるとは思ってもいなかった。

ヘブロンには、多くのフォトグラファーやジャーナリストが詰めかけていた。誰もが、何か起きるという予感を持ち、起きるとすればヘブロンだろうと考えていた。ヘブロンは、パレスチナにいくつかあるフラッシュポイントの一つであり、その中心であるといっても過言ではなかったからだ。

旧市街に行くと、パレスチナの若者たちがデモをして、入植者たちを警備しているイスラエル軍兵士らに投石したり、タイヤを燃やしたりして、気勢をあげていた。大したことのないデモで終わるのかなと思っていたのもつかの間、気がつくとイスラエル軍兵士たちが大挙して旧市街に入ってきた。イスラエル兵は私たちには目もくれずに、旧市街の一角に陣取ると、そこからパレスチナ人の若者たちに向けてゴム弾で銃撃をはじめた。三〇分くらい攻防が続いていたが、やがてどこか高いところからの激しい銃撃がはじまった。どこから来るのか、どちらが撃っているのか、まったくわからない。しかし、自動小銃の連射音は、エコーを伴いながら、ヘブロン全域に響き渡っている。兵士たちは、警戒しながら前進していく。私たちも兵士たちと歩調を合わせて少しずつ前進し、旧市街を抜けて新市街まで出てきた。

とにかく不気味だった。激しい銃撃は休む間もなく続いているのだが、射撃手の姿が見えないのだ。音から判断すると何人もの射撃手がいるようだが、どこからどこに向けて撃っているのかまったくわからない。

やがて私たちは、ヘブロン市内にある病院に集まっていた。庭にいると、立て続けに死傷者が運ばれてきた。音だけ聞いているとわからないが、確かに人が傷ついている。いつになく大きな戦闘が起きているのだ。

このとき、私たち外国人ジャーナリストやフォトグラファーをコントロールしているような立場にいたのが、パレスチナ人のテレビカメラマン、マーゼンだった。彼はロイターのカメラマンだったが、地元の人間ということもあり自治政府や警察にコネクションをもっていて、病院や警察などから逐一最新情報を入手しては、私たちに教えてくれていた。

夕焼けが空を染めて私たちを包みはじめた頃、いつのまにか戦闘も止み、風も涼しくなり心地よいひとときがあたりを支配していた。その中で私は路傍の石に腰を下ろし、西の空を眺めながら考えていた。いったい自分はなにをやっているのだろう。先ほどまでの興奮は汗と共に蒸発してしまい、そこにあるのは答えのない虚しさだけだった。

ヘブロンでは、こういう衝突がよく起きた。他の場所もそうだが、ここでもどれだけの人が命を落としたのだろうか。それは、ここが聖地だから、預言者イブラーヒームがこの地で亡くなったからという理由で起きているのか。イブラーヒームがこの地に暮らしたのは、もう四〇〇〇年も前のことだ。だとすればそれは、あまりにも愚かなことではないのか。

この地では、平穏にことを解決しようという声は、力を誇示する人々の叫びの中で、ほとんどかき消される。破壊と流血の歴史は、これからも続くのだろうか。

このときに一緒だったマーゼンは、その後イラクで死んだ。最初にニュースを聞いたときには信じられなかったが、ロイターの取材でイラク入りしていた彼は、米軍の様々な犯罪が明らかになったアブーグレイブ刑務所の取材中、米軍に撃たれたのだ。

それを知ったとき、私は驚き、なんという皮肉なのだろうかと思い、人間の生の儚さとその運命の冷酷さに寒気がした。そして、堪らない哀しみがこみ上げてきた。パレスチナで生まれ、パレスチナのことを世界に伝えるために、命を賭けていたマーゼン。その彼が、なぜイラクで死ななければならないのか。しかも、イスラエル兵ではなく、米兵に撃たれて。私たちの運命なんて、一寸先も読めないのだと、改めて認識した。私たちの生は、神にとっては砂粒ほどの意味も持っていないのかもしれない。

ヘブロンでの騒乱の様子を書いてきたが、ヘブロンといえばやはり重厚な歴史に彩られた遺跡、イブラーヒームモスク、またの名をマクペラの洞窟と呼ばれるその場所へ行かなければならないだろう。そこが全てのルーツであり、現在の騒乱の元となった人物が眠る場所（と言われている）でもあるのだから。

旧市街を抜けていくと、まるでタイムスリップしたかのような、古い石造りの町並みが拡がる。饐えた匂いが漂う中を歩いていくと、両側に並ぶ商店の活気が感じられる。かつてほどではないとはいえ、今でもそれなりに人々が行き交い、生の温もりがある。肉屋、八百屋、カフェ、雑貨屋、理髪店、服飾店、菓子屋、食器屋、レストランなど、様々な店が並び、肉や香辛料、甘味料、珈琲などの雑多な匂いが混淆した匂いが、絶え間なく鼻腔をくすぐる。

雑然とした、無秩序的な通りを抜けていくと、両側の建物が高くなり、通路はトンネルのように、建物の下を通るようになる。上が塞がれているところは暗く、所々にある白熱灯で照らされている。また、上が開けているところでも、鉄条網が張り巡らされていて、その上にはたくさんのゴミが落ちてきて引っかかっているのが見える。両脇の建物の上層階には、ユダヤ人の入植者たちが暮らしているのだ。それも、かなり宗教的な人たちだ。

ヘブロンの問題の一端がここにあるのだが、預言者イブラーヒームは、ユダヤ人たちの父でもあり（実際彼らは、イブラーヒームのことを、父とか族長と呼ぶ）、宗教的な人たちは、その縁の地であるヘブロンに暮らすためにここに入り込んでいるのだ。住むこと自体に問題ないとは思うが、そのためにパレスチナ人たちの家を接収したり、パレスチナ人を追い出すために、様々な嫌がらせを行っている。

旧市街の道を歩きながら上を見上げると、鉄条網越しに建物があり、少なからずのイスラエル国旗が窓にかけてあったり、壁に貼り付けてあったりするのが見える。そんな光景を過ぎてなおも歩いていくと、徐々に人通りは少なくなり、開いている店も少なくなっていく。最終的には、全ての店が閉まっているエリアを歩いていくことになる。誰もいないけれど、なぜか人の気配を感じる通り。かつて多くの人々で賑わっていたその通りを、ゆっくりと歩いていく。

しばらくして、突然目の前にゲートが現れる。ゲートといっても、一人ずつしか通れない回転式のものだ。かなり厳重に警備されている様子がうかがえる。狭いゲートをくぐり抜けると、目の前に聳えるのは、石造りの古いモスク。これが、イブラーヒームモスク（ユダヤ人たちの呼称はマクペラの洞窟）と呼ばれる建造物で、その中に預言者イブラーヒームはじめ、その親族たちの墓がある。一説によると、人類の始祖、アダムとイヴの墓もあるという。いずれにしても、圧倒的な歴史的意味を持つ建物であり、宗教的なという意味においては、想像することさえ難しい。

モスク一帯は、イスラエル軍が完全にコントロールしている。特に九〇年代の半ばに、このモスクでユダヤ人入植者がパレスチナ人礼拝者たちを虐殺する事件が起きてからは、イスラエル軍の許可がないと、パレスチナ人の礼拝さえもできなくなっている。非常に神聖な場所であると同時に、パレスチナ問題が凝縮された血塗られた場所でもある。

とはいえ、暖かい日の中で、兵士たちも礼拝に訪れているパレスチナ人たちも、どこかのんびりとしているように見える。モスクに入るには、金属探知機を通る必要があるのだが、誰もが、ルーティンをこなすように、そこを通過していく。礼拝のためにモスクへ入るパレスチナ人もイスラエル軍兵士も、見たところごく普通に会話をしていた。

奥に行くとさらに金属探知機があるが、それを通るといよいよモスクの中だ。なぜかユダヤ人たちが歩いている。一九九四年の虐殺事件の後、ユダヤ人がかなりの部分を占拠し、一部をシナゴーグ（ユダヤ教の礼拝所）に改築してしまったのだ。とはいえ、彼らは妙に愛想がいい。お茶を飲まないか、と言われたので、遠慮せずに頂く。乱雑な部屋の中には、ヘブライ語の文献が所狭しと置かれていた。旧約聖書とかトーラー（律法書）などだろうか。学者の研究室といった趣で、掃除もされていないような汚れた部屋だったけれど、独特の雰囲気が漂っていた。

奥まったところへ歩いていくと、広い空間に出る。そこがモスクである。世界には豪華で美しいモスクがたくさんある。それらと比較すると、ここは一見ただの古いモスクなのだが、イブラーヒームゆかりということもあり、存在感は圧倒的だった。中にいる多くはパレスチナ人だったが、海外から来たムスリムの巡礼者の姿も見られた。タイやシンガポールから来たという若者たちが、興奮の面持ちで写真を撮っている姿は、ベツレヘムに集うキリスト教徒の巡礼者と同じようなものだろう。

モスクの中は、天井が高く子細な装飾が施されている。いたるところにクルアーンの言葉がアラビア語で書かれていて、天井から下がったシャンデリアや絨毯に年季が入っているが、品のいい美しさがある。そしてモスクの中ほどに二つある墓のような小屋のようなもの。これが、預言者イブラーヒームの妻と子どもの墳墓であり、人々の尊崇を集めているものだ。この雰囲気は、私がイラクやレバノンで経験しているシーア派のモスクと似ている。このときも、墳墓の一角の小窓から中を覗き、祈りを捧げている人が何人も見受けられた。好きな場所に腰を下ろして、クルアーンを読みふけったり、子どもをあやしている人もいた。礼拝のみならず、人々が安息に時を過ごす場所として、これほど困難な状況にありながらも、モスクは確かに機能していた。

モスクの中を歩いて、一番奥の右側の小部屋、そこに入るとすぐ右側に鉄格子があり、その中に大きな棺がある。緑の布を掛けられ、アラビア語の装飾で飾られたそれは、恐ろしく古いものであることはすぐにわかるが、丁寧に手入れを施され、独特のオーラを放っている。それこそが、預言者イブラーヒームの棺だ。誰もがその前に立ち、一心に祈っていた。中を覗くと、反対側にも窓がありやはり祈っている人たちがいる。ユダヤ人巡礼者たちだ。イブラーヒームの棺をはさんで反対側が、ユダヤ教のシナゴーグとなっていて、ユダヤ人たちはそこから祈っているのだ。

考えてみると奇妙なことだ。四千年も前に生きていた同じ人物を父と仰ぎ、その人の血統から生まれた預言者たちや宗教を信仰し、その教義の一番根幹で平和を説いている人たちが、対立し、憎みあい、殺し合っているのだから。喩えではまるで兄弟げんかだとも言われるが、少なくともこの数十年続いていることを見ていても、そういうレベルをはるかに超えて、その不信と憎悪は修復不能とまで思える。向かい合って祈る彼らは、いったい何を祈っているのだろうか。

モスクを出て、呼吸を整える。古いせいなのか、モスクの中には饐えた匂いが漂っていて、その匂いが鼻腔や肺の中にこびりついているような気がするのだ。降り注ぐ陽の光の中を歩き、入ってきたときと逆のルートでモスクの正面に出ていく。そこにある別の入り口が、シナゴーグへの入り口となっている。こちらはよりセキュリティーが厳しくて、私のカメラを見た兵士たちが、すぐには中へ入れてくれない。近くにあったベンチに座って、しばらく待つことにした。

ちょうどモスクからアザーン（礼拝の呼びかけ）が流れてきた。

世界中でアザーンを聞いてきた。節回しや詠唱者の声によっても千差万別だが、いつ聞いても心が洗われるような気がする。まさに平穏への調べという趣がある。意外に長く待たされるなと思いながらアザーンに聞き入っていると、兵士の一人が話しかけてきた。

「日本人?」

「ああ、そうだけど」

「いつか、日本へ行きたいんだ。いいところだって聞いているからね」

その兵士は、嬉しそうに言った。見たところ、まだ二〇代の前半だろうか。宗教的ではない、世俗的な青年に見えた。ちなみに、イスラエル国民の多くは、世俗的な人々である。ユダヤ人と聞いてイメージする、黒い服を着てキッパ（頭にちょこんと載せる小さな帽子）を被り、気むずかしい顔をした人というのは、非常に少数だ。

「イスラエルもいいところじゃないか。ぼくは、毎年来ているよ」

「いや、この国は駄目だ。兵役もあるし、いつまでも戦争がくすぶっているからね。もうウンザリだよ」

彼はそう言うと、溜息をついた。一緒にいた若い兵士たちも、同意するように頷いている。

「宗教とか、戦争とか、もう嫌なんだ。もっと自由に生きたい」

そう言った兵士ともう少し話したいと思ったが、彼は上官に呼びつけられて慌てて走っていってしまった。たしかに、ユダヤ人の若者はよく旅をする。東南アジアやアフリカでもたくさん会ったものだ。彼らが旅をする理由のひとつは、まさに今彼が言ったようなことなのだろう。そういえば、イスラエルへのユダヤ人移民の数が、年々減少傾向にあると聞いたことがある。逆に、出て行く人は増え続けているそうだ。軍事的には周辺アラブ諸国よりも優位に立っているイスラエルだが、案外国の内部から崩れつつあるのかもしれない。

ようやく中に入る許可が出た。モスクの外周に沿って石段を登っていくと、最上部に入り口があった。中には、周辺の入植地から来たのだろうか、見るからに宗教的なユダヤ人たちがたむろしていた。宗教的なユダヤ人と世俗的なユダヤ人は、たいていその服装で見分けがつく。さきほども書いたが、宗教的な人たちは、男は黒装束に頭にはキッパと呼ばれる丸い帽子、あるいはシルクハットみたいな帽子をかぶっている。宗派の問題だと思うが、人によっては両耳の脇の髪を長く伸ばしている。女性たちは、長いスカートに頭を覆う被り物、長袖という出で立ちでいることが多い。また、宗教的な家族は子どもが多い。一方世俗的な人たちの服装は、私たちと変わらない。

ここにいる人たちは、全員が宗教的な人たちだ。かつて、テルアビブなどで世俗的なユダヤ人らと話したことがあるが、多くは、ヘブロンなんて絶対行かないよと言っていた。

「パレスチナ人に撃たれるし、危険だ。宗教なんてどうでもいい」

実に明快な答えだ。

ユダヤ人の側に来ていくぶん居心地の悪い私は、隅のほうで静かに様子を見ていた。パレスチナ人たちと過ごすことが多かったこともあり、特に宗教的ユダヤ人の側では違和感を覚えるのかもしれない。ただ、彼らの立ち振る舞いや、シナゴーグの装飾などは非常に興味深く、それらを眺めているだけでも面白かった。

一心不乱に祈っている男がいた。向こうの角には、一人の兵士が座って、私のほうを変な顔で時々見ている。イブラーヒームの棺を望む鉄格子のところでは、中年の女性が感激した面持ちで中を覗きこみ、祈っている。

シナゴーグの中を歩いていると、その中年女性が私に話しかけてきた。

「あなたもユダヤ人？」

「いえ、違います。日本人です」

「あらそうなの。イスラエルにようこそ」

そう言うと、彼女はにこやかに会釈して、軽やかに歩き去った。


モスクを出て外の広場で改めてモスクを見上げる。見事な石造りの建物だ。見上げている私の周りには、兵士たちがブラブラしている。二〇〇二年以降、めずらしく比較的平穏な状態が続いていたこともあり、彼らの表情も幾分間が抜けているように見えた。広場の向かいにパレスチナ人の家族が土産物屋を開いていた。客はユダヤ人たちだが、そこにやってくるユダヤ人とパレスチナ人は、和気あいあいとしている。巡礼者たちも、なにかたわいもない土産を買っている。ある意味平穏な光景ではある。近くに寄ると、パレスチナ人がヘブライ語を話していた。近くにある兵士の詰め所では、若い兵士とパレスチナ人の子どもが遊んでいる。


ここはほんとうに不思議な場所だ。憎悪と不信が渦巻いているといいながらも、日常的にはこういう平穏さもあるのだ。どんな形であれ、少しでも互いのことを知ることが、将来へと繋がっていくのだろうか。そう思いたいものだが、先行きは不透明過ぎる。展望はまったく見えないというのが、正直なところだろう。

イブラーヒームモスクを背にして立つと、目の前には小さな公園のような広場がある。緑の草地が拡がり、木立の陰ではパレスチナ人の老人が腰を下ろして、静かにクルアーンを読んでいた。

そのすぐ後ろを、イスラエル軍兵士たちの乗ったジープがゆっくりと通り過ぎ、ユダヤ人入植者家族がのんびりと歩いている。一見、散歩でもしているようにも見えるが、父親らしき髭面の男の肩には、自動小銃が掛けられていて、歩くたびにカシャカシャ音を立てていた。のどかであり、嵐の前の静けさのようでもある光景。ごく普通の町の光景でありながら、すぐ近くを行き交うパレスチナ人とユダヤ人の間には、微かな緊張感が漂っている。この光景の中には、明らかに断ち切ることのできない断絶が錯綜して併存していた。

III

どこかの丘の上だろうか、ほとんど高い木の生えていない平原のようなところに、若い民兵が立っている。丘の向こうまで見通しがきく場所。彼らは、見張りか何かの任務に就いているのだろうか。会話の内容はわからないが、その立ち振る舞いからすると、あまり規律が厳しいようにはみえない。誰もが手持ちぶさただ。一人は肩から自動小銃を掛けているが、あとの二人は、足下に銃を置いている。彼らの横には、細い棒に括り付けた旗がはためいているが、それはもう長く使われ続けているのだろう。すり切れて色褪せていて、彼らの戦いの年月と、その厳しさ、展望の困難さを見せつけている。

彼らの後方から人々のかけ声が聞こえてきた。視線を移動すると、二〇人くらいだろうか、迷彩服に身を包んだ男たちが、一人の教官のかけ声で、飛んだり跳ねたりしている。徒手格闘訓練だろうか、みんな真剣な面持ちで体を動かしているが、滑稽な光景でもある。抜けるような青空の下、汗を流し、塵に塗れながらひたすら訓練をしている。

やがて男たちは場所を移動した。タイヤが燃やされ、高飛びのように棒が横にセットされている。男たちは、走って棒を超え、匍匐前進し、ワイヤーの下をくぐる。一人一人に教官がつき、這っている男たちのすぐ脇に銃撃を加えている。

それらの光景は、私の目の前で起きているのだが、現実感のないものだ。私の視線はそこにあるけれど、私の意識がそこにはないからだろうか。夢で見ているのかもしれない。でも、音や匂いは、その場にいるように感じるのだ。

その光景を、少し離れて見ている男の存在に気がついた。ジハードだった。私がジハードと勝手に呼んでいる男が、その場にもいた。例によって、迷彩服に自動小銃、それにカメラをぶら下げている。自動小銃を脇に置き、目の前で起きている訓練を撮影していた。

訓練は果てしなく続くかのように思われた。いつのまにか日が傾いて、夕日が落ちてきていた。あたりが徐々に暗くなっていく中で、激しい訓練はまるで終わりがないかのようだ。高原の爽やかな空気が流れ、タイヤから立ち上る黒い煙も柔らかく横に流れていく。立ち上る炎はフワフワと揺れながら、赤い揺らめきが男たちの汗に光っている。彼らの周辺だけは、熱気が立ち上り、まるで灼熱地獄のようだ。それを見ている私も、いつのまにかじっとりと汗ばんでいた。

突然、私の視界が上昇をはじめた。それと共に、それまでの熱気も消え去り、肌にひんやりと冷たい空気が触れる。男たちの叫びは、今では空耳か何かのように共鳴しながら遠くから聞こえている。少しずつ視界が霧に覆われるように見えなくなっていった。完全に何も見えなくなる少し前に、視界の端に遥かなる地中海が入ってきた。暗くなった網膜の表面には、しばらく海の青が鮮やかに残っていた。

私はガザの砂浜に来ていた。ここには何度も来ているが、何度来ても好きになるし、来るたびにそのすばらしさが実感できる場所だ。そしてなぜか、また来てしまったという虚脱感を感じる。なぜそう思うのか、感じるのか。自分では定かではないところもあるのだが、パレスチナ問題とかパレスチナ紛争とか、そのイメージが肥大し、マスメディアの固定概念が覆しようのないほどに大きくなってしまい、でもそれらは捉えどころがない。そういうときに、このガザの砂浜に来ると気分がとても落ち着くのだった。ただそのために、精神の平静を確保するためだけに、私はここに来ているのかもしれない。

長らく占領下にあって、まったく環境保全などということは行われていないし、上下水道の不備もあり、場所によっては汚水がそのまま海に流れ込んでいる。遠からず解決されなければならない問題だろう。しかし、そういったネガティブな側面をわかった上で、やはり素晴らしい場所だ。約五〇キロにも及ぶ連続した白い砂浜は、見た目の美しさもさることながら、そこに来る人々の心を癒してくれる。実際に、人々がこの封鎖されたガザ地区で暮らしていられるのも、この海と砂浜があるからではないのかと思うほどだ。たとえそこから出て行くことができなくても、その先の世界を想像できるし、またいつの日かそこから出て行くことを可能性として思い描くことができる。何よりも、海には人々の精神を解き放つ力があると私は信じている。もっとも、それさえもが、いつでもここから出て行くことができるよそ者の戯言かもしれないのだが。

ガザでは、外国人が宿泊するホテルのほとんどが砂浜に面した海岸通りにある。多くは、九三年のオスロ和平合意以降建設されたり、改築されたものだ。当時、このガザも和平ムードに沸いたものだった。多くの人々が疑心暗鬼になりながらも、当時の政治状況やとりわけ世界の主要国のリーダーたちが和平の約束をしたことで、平和の到来を多かれ少なかれ期待し、信じていた。

儚い、夢のような日々だった。

それらのホテル群も、和平の希望が潰えた今では、文字どおり寂れて、潮風に浸食されている。何かニュースになるような事件でもあれば、瞬間的にジャーナリストたちで賑わうが、その時以外は静かであり、まるで廃墟のような風情を醸し出している。わずか十数年前とのギャップが激しいぶん、私にとってはその違いそのものが興味深い。

ガザの朝は早い。空が白みはじめる頃には、ホテル前の通りを走る車の音や通りかかる人たちの話し声などが聞こえてくる。多くは漁師や魚市場で働く人たちで、ホテルと同じ通りにある漁港や魚市場で働いているのだろう。朝の音が聞こえてくると、サッと目が覚める。カーテンを捲って外を見ると、爽やかな青空が拡がっている。朝日は砂浜とは反対側から昇ってくるので、海はまだ遠くに日が当たっている程度だが、気持ちのいい朝のはじまりである。

シャワーを浴びて着替えてから、ホテルの外に出てみると、朝のヒンヤリした空気が気持ちよく肺の中に拡がり、全身の筋肉へと浸透していく感じがした。まだ涼しいうちに散歩に出ることにした。

ホテルの建物の脇に、砂浜へと降りていく小道があり、すぐ目の前に海が拡がっているのを見ることができる。砂に足を取られながら波打ち際まで歩き振り返ると、強烈な朝日の眩しさに思わず目を閉じる。今日も暑くなりそうだ。

あたりを見回すと、何人かの男たちが忙しそうに網を手入れしたり、ボートの手入れをしているのが見える。

「これから漁に出るんですか」

男たちは手を休めないまま私の方を見ると、

「いや、船では出ないよ。網を打って魚を捕るんだ」

私に答えてくれた男は、明るくそう言ったが、表情はどこか寂しげだった。ボートに目をやると、確かにもう長い間沖に出たことはないようだ。砂の上に裏返しに転がされ、木の部分は至るところがささくれ立ち、塗装もかなり剥がれ落ちている。金属部分は、全体が錆びて朽ちているのがわかる。

これも占領に絡む問題で、ガザの海のコントロールはイスラエル側が行っており、漁師たちはあまり沖には出ることができないのだ。沖に流された漁師が、イスラエル軍の哨戒艇に銃撃されたり、捕まったりということも、時々起きているようだ。素晴らしい漁場があるのはわかっているのだが、それを目の前にしながら指をくわえているしかない漁師たちの気持ち。それが痛いほどわかるだけに、何も言うことができなかった。

しばらくして、網打ち漁がはじまった。一人の男が力いっぱい網を投げると、きれいな円形を描いて、網は水の中に消えていった。さらにそれを総出で曳く。かなりの力仕事である。作業をしている間にも、陽はどんどん高くなり、気温も上昇していく。後ろから彼らの作業を見ているだけの私も、暑さで目眩がしてきた。通りからは車の走る音も聞こえてきて、人々の一日の生活がはじまったことがわかる。私の泊まっているホテルの屋外レストランで、ホテルのウェイターたちがテーブルをセッティングしている姿が見える。平穏な一日のはじまりだ。

砂浜では、漁師たちがようやく網を引き上げたようだ。砂の上に丸まっている網を囲んで、何か話している。暑さにくらくらしながら近づき、何が捕れたのかと目を凝らすが、何も見えない。漁師たちの輪に入ってよく見ると、海草がたくさん絡みつき、小さな魚が数匹とやはり小さな蟹が数匹、網の中で跳ね回っていた。漁師たちはというと、言葉もなく、ただそれらを見つめている。一人の男が網の中に手を入れて、小魚と蟹を取り出した。手にとってチェックするように見回してから、砂の上に静かに投げ捨てた。

「収穫が少ないね。いつもこんな感じなのかい」

「そうだな。もう長いことこんな感じだね。沖に出れば捕れるんだけどね」

そう言いながら、彼の視線は遙か沖合を漂っていた。今日はまだ波も静かだ。穏やかな波が、海面を撫でるようにうねっている。一人の少年が、この地域独特の平べったいボートに乗り、オールを器用に操って海上に漂っているのが見えた。

漁師たちは、気を取り直して再び同じことを繰り返す。何度も何度も網を打ち、曳く。そのかけ声が砂浜にこだましては、砂に吸い込まれていく。海岸通りが賑やかになる頃、漁師たちは作業を中断した。網を片付けはじめている。帰るのだろうか。

「他に仕事もないしね。しばらく休憩するんだよ」

砂浜の隅の方に張ったビニールテントに座り込み、彼らは煙草を吸いはじめた。その目はどこを見るというでもなく、宙を彷徨っていた。その場に漂う雰囲気は、どうしようもなく重苦しいものであり、とても耐えられるものではなかった。私は彼らに別れを告げて、海岸通りへと戻った。

砂の小道を出てアスファルトへと戻ると、途端に暑さも増し、車のクラクションや様々な生活の音が、一気に鼓膜を振るわせた。アスファルトの熱気は靴のソールを伝わって入り込み、体中から汗が染みだしてきた。ときおり吹き抜ける風も、湿気と塩で肌に張り付いていく気がして、より疲労感が募る。

魚市場へと行ってみた。砂浜の小道を出てから、歩いて五分足らずの距離だ。近づいていくと、早くも魚の匂いが空気の中に染みついている。暑さと疲れのせいもあるのか、生臭くて不快なものに感じる。でもそれは、新鮮な食材を扱っている証拠でもある。

小さな魚市場の前には、三〇人くらいの男たちがたむろしている。漁師たちが今朝水揚げしてきた各種の魚や貝、タコなどをかごに入れて持ち寄り、その前で値段交渉をしている。ここの人たちは、概して大声で話すのだが、交渉ごとをするときにはそれがさらにヒートアップするので、端から見ているとまるで怒鳴り合いのけんかをしているようにも見える。

市場の建物は、全体が白い塗装で塗られていて、かなり古い建物のようだ。壁には、昔ながらの衣装で漁をする男性や、かごに入れた魚を売る女性などが、味わいのあるタッチで描かれている。あたりには魚料理を出すレストランの看板もいくつかあるが、営業はしていないようだ。魚の形をしたディスプレイに男の子が跨り、格好の遊び道具になっていた。

市場の前の道路には大量の水が流れ出していて、水たまりになっている。魚を洗った水らしく、少し濁っていて、鼻腔に粘りつく匂いの元となっている。水たまりを避けながら市場の中へと足を踏み入れると、コンクリートの床には、たくさんの魚が無造作に置かれていた。小さいものから大きいものまで、数十種類もあるだろうか。なかには見たこともないような魚もいる。一角に一メートルから一メートル五〇センチくらいの、エイと思われる魚が数匹置かれていた。白いヌメッとした肌で、片面にはエラかなにかがいくつも開いていて、見ようによっては人間の笑い顔に見える。滑稽なようでいて、気持ち悪くもある。あまりに奇妙な形なので、近くでマジマジと見入ってしまった。まだ口を動かしていて、生きているようだ。水の中に戻りたいのだろう。見入っている私のところにその魚を捕った人らしき男が寄ってきて、魚を持ち上げて拡げて見せてくれた。子どもたちはその姿に叫びながら、指でつついたりして大はしゃぎである。

水揚げは少ないとはいえ、そこは魚市場、結構活気があった。見ていると結構売れているようだし、奥では、料理人たちが魚をさばいているのが見えた。国は違えども、日本の魚市場と同じである。一通り見たあとに、市場を出て外の通りに戻った。全身が魚臭くなったような気がして、思わず深呼吸をした。あらためて市場を見ると、相変わらず人々は魚を巡って叫び、手を振り回していた。そこには、ガザに暮らす人々の生活の実感が感じられた。

ホテルに向かって歩き出すと、前方からタクシーが猛スピードで走ってきて、私の横で止まった。何だろうと思いながら見ると、車窓からアハマドが顔を出していた。

「おはよう。何やってる」

「やあ、アハマド。そっちこそこんな朝から何してるの」

「仕事に決まってるだろ。人を運んできたんだよ、まあ乗れよ」

相変わらずたたみかけるように話す。ホテルまでの二〇〇メートルくらいの距離を乗せてもらい、ホテルのレストランへ。アハマドは、体を揺らしながら、偉そうに入ってくる。ホテルの従業員らは、みんな顔見知りだ。会う人みんなと挨拶し、握手をして、時には何か話し込み、それから海の見えるレストランへと入り、窓際の席に座った。エアコンの効いた中から、先ほどまでいた砂浜を眺めると、あの漁師たちが相変わらず網を引いている姿が目についた。つい先ほどまでの暑さと生臭さが甦ってきた。私の目線を追っていたらしいアハマドが言った。

「漁師は大変だよ。まともに漁ができないから、魚も捕れないし、金にもならないし、生きていけないよ」

アハマドは正義感の強い男だ。漁師の問題でも、彼らの困難さを生み出しているイスラエルの占領に強く憤っている。正論だが、解決は困難だ。高度に政治的な問題でもあるからだ。誰もがわかっていながら、誰もが解決できない問題なのだ。

「こんな状況で生きているガザの人たちは凄いと思う。アハマド、君もだよ。日本や欧米では、人はもっといい加減な気持ちで生きているんだよ」

アハマドは、そうなのか、というような顔をして私を見る。

「俺たちは、生まれてからこういう暮らしだからな。大変なんだろうけど、これが俺たちの暮らしだし、家族を食わせなきゃいけないからな」

男一人で、家族や親族数十人を食わせているアハマドの言葉には説得力がある。

ガザの海岸通りにあるホテルは、主な利用者が外国人ということもあり、食事も外国人向けだ。朝食はたいていの欧米のホテルと同じで、コンチネンタルやアメリカンを選べるようになっている。アハマドはブツブツと文句を言いながらも、たくさん食べて満腹になったようだ。

「あとでまた来るよ。一度、家に帰らないとな」

アハマドはそう言うと、大きくなった腹をポンポン叩きながら、帰っていった。

アハマドが再びやってきたのは昼前だった。朝に見た漁師たちだけでなく、他の漁師たちの様子を見てみたいと思った。海岸線に沿って、南下していくことにした。

海岸線に沿って見る地中海は、ほんとうに美しい。この景色だけを見ていると、ガザが占領地であるとは思えない。この海の向こうには、イタリアやギリシャがあるのだから。物理的には自由に行けるはずなのに、こうやって人為的に隔絶されているのは不思議なことだ。誰がどこに行こうが勝手なはずなのに、人間は自分で自分の首を絞め続けている。こういうことがいつまでも続くはずがないと思う。目の前に拡がる大いなる自然、光、海からの風や匂い、空気。それらは、海の向こうでも同じであり、何の障壁もなく双方を行き来しているのだから。

ガザ市を出てしばらくは比較的舗装状態のいい道が続き、リゾートといってもいい風景が続く。途中から少し内陸へと入ると、密集したところが多くなる。難民キャンプと町があるのだ。海の近くに車を止めて砂浜へと降りていくと、漁師たちが働いているのが見えた。陽はほぼ真上にあり、かなり暑い。朝方は穏やかだった波も荒くなっている。サーフィンができそうなほどだ。

近づいていくと、男たちは作業の手を休めてこちらを見て、にこやかに手を振ってきた。こちらも手を振って応える。朝に会った漁師たちと同じように、網打ち漁をしているところだった。

「どうですか。魚は捕れますか」

「いやあ、全然駄目だね。これでは生きていけないよ」

中年の男がそう言って笑う。他の男と話していたアハマドが来て言った。

「彼らは同じ家族だよ。一家総出で漁をしているんだ」

見ると、老人とその息子たち、さらに高校生くらいの青年と小学生くらいの子どもがいた。浜の外れには、ビニールのテントがあり、そちらにはお婆さんと息子のだれかの奥さんらしい若い女性がいて、乳飲み子を抱えていた。食事の用意をしているらしい。

「毎日ここで漁をしているんですか」

「ああ、毎日来てるよ。同じことの繰り返しさ」

「これだけで、食べていけるんですか」

「いや、無理だね。俺の弟が、自治政府で働いているんだ」

アハマドが言うには、二〇人以上いる家族の家計を、一人の給料だけで賄っているらしい。アハマドの家と同じような状況だ。パレスチナの自治政府は、もちろんパレスチナの行政府であるが、実質的にヨルダン川西岸地区と分離されていて、ほとんど何の権限もないといったほうがいいだろう。とはいえ、そこで働いている人たちは、それなりに固定給が入るのだろうから、家族にとっては、重要な収入源だろう。

彼らの今日の成果を見せてもらった。小学生の子どもが、小さなバケツを持ってきた。中には、フナのような小魚が五匹くらいと、さらに小さな魚が一〇匹くらい、あとは小さな蟹が入っているだけだった。自分たちで食べる分にも足りないだろう。一見楽しそうに働いているように見えたが、内心はかなり複雑な思いがあるようだ。特に、お祖父さんの顔には、明らかに苦悩の色が見えている。彼らの世代は、まだイスラエルという国ができる前に生まれて、パレスチナ人がのどかに、慎ましやかに、だけど自由に生きていた時代を知っているのだ。もう四世代も前のことだけれど、今はイスラエルとなっている土地から来た人たちの記憶には、その頃の豊饒な大地と平穏な暮らしが消しがたく残っているはずだ。そして、若い世代は、いつか先祖代々の地に戻れる、いや戻ろうという意志を捨ててはいないだろう。全身にさんさんと降り注ぐ陽光を浴びながら、砂浜を走り回る彼らを見ていると、人々の思いや記憶が、私の脳裏を駆け巡るのを感じた。

海岸沿いをしばらく南下してみたが、ほとんど人の姿は見えない。日中の暑い時間帯は家で休んでいるのだろう。アハマドも、運転しながら暑いなあとぼやいていた。いったんガザ地区の南の方まで下ってから、またガザ市方面へ戻ることにした。

ガザ南端は、エジプトと国境を接している。パレスチナ側の町はラファだ。ラファの町は、いつも埃っぽくて、全体的に白っぽい家々や白い地面が続いていることもあり、日差しの強さと相まって、視界は白く飛んでいるように見える。人の多い、車が無秩序に右往左往している町を抜けて、海へと向かった。

ラファの市街地を抜けると住宅地や畑が続き、すぐに青い海が見えてくる。左手は、もうエジプトだ。砂浜の手前で車を止めて、波打ち際まで歩く。エジプトとの境界には、無骨なコンクリートの壁が聳え、その向こうには監視塔や有刺鉄線が見える。砂浜では、境界間際に暮らす漁民の家族が、網の手入れをしていた。彼らの顔や衣装からは、疲労や絶望のようなものが漂い流れていていて、疲れ切って日に焼けた顔や、着古した粗末な衣装が明るい陽の光に照らされており、それは残酷な光景にも思えた。

漁に出ることもなく、他に仕事もなく、ときおり網を手入れしては過ごすという男たちの口数は少なかった。小さなボートが砂浜に横たわっているが、長らく水の上に出ていないのだろう、錆びて朽ちつつある風情が哀しげでもあり、まるで砂の上に生えているようでもあった。ここはある意味で、パレスチナの辺境だ。エルサレムやヨルダン川西岸、ガザ市などの熱気や人の喧噪もなく、静かに無為に時が漂い流れていく。聞こえてくるのは、風の音ばかりだった。幾世代にも渡って歴史上の重要な道でもあったこの地。かつては、ナポレオンやサラディンが行き交い、アフリカとアジア、欧州の接点でもある地。その歴史は、現代の政治に阻まれ、無骨なコンクリートやワイヤーによって遮られている。

立ちつくし、海の彼方を眺めていると、周囲の状況がどこかへ消え去り、意識は遠くへと飛翔していった。

それにしても、こうして車で走ってみると、ガザ地区の小ささ、土地の狭さを改めて認識できる。イスラエルとの境界から南部のエジプト国境まで、たった五〇キロほどしかないのだ。幅も一五キロもないほどの狭いエリアであり、こんなところに一五〇万人が暮らしているという事実に驚嘆せざるを得ない。海岸沿いを走っていると、遠くにイスラエル側にある高い工場の煙突が見えるし、ガザ中部を走る道を走っていると、イスラエルの農場や家々が遠目に見える。多くの人々が、この狭い地域から出ることができないということの異様さ。そんなことを考えていると、なんだかとても空しくなる。

かつての私は、こういった理不尽さには怒りを覚えたものだが、近年はそれよりも哀れみを覚える。ガザの人々の人生を踏みにじってきた、そして今も蹂躙し続けている様々な決まり事。それをもたらしている制度、あるいはそれを利用している政治家たち、そういうことすべてに対する哀れみだ。それは、哀れとしか表現できないほどのものだ。

政治的には様々な言い分があるだろうが、多くの人々の命、その生を蹂躙し、多くの人々に悲しみや絶望を抱かせるような決まり事というのは、間違っている。どんな理由があろうとも。これは、私が幾多の現場を訪ねてきて、確信していることでもある。イスラエルとパレスチナの対立は、多分に政治的であり、その解決へ向けた動きも多分に政治的である。それは、永遠とも思えるレトリックの羅列であり、真の解決というのはないのだろうと思う。そう考えると、この地域の人々の生は、なんと悲しみに満ちているのだろうか。

ガザ市にほど近いところに差し掛かり、また砂浜に人が見えた。見ると、その男は一人で作業していた。

一心に網の手入れをしている男の後ろから近づき、声を掛けると、彼は一瞬驚いたように振り返り、軽く笑顔を浮かべると、また作業に戻った。アハマドが話しかけて、私に通訳してくれる。四〇歳前後に見えたが、実際はまだ二八歳だという。こちらの人たちは、日本人の感覚で見ると、だいたいプラス一〇歳ほどは老けて見える。彼もその法則に当てはまったということだが、立ち振る舞いというのか、彼がもつ雰囲気が大人を感じさせたのかもしれない。

彼はガザの大学を出て、自治政府で働いていたという。ＩＴ関係のいわば専門家らしいが、今のガザでは職がなく、自治政府からも給料の支払いもなく、退職を余儀なくされた。やむなく、数カ月前から漁師をはじめたという。

「仕事はどうなんですか」

「厳しいです。全然収入にはなりません」

彼は、仕事の手を休めることなく、小声でそう言った。多くの漁師たちはがさつな海の男という雰囲気を多少は漂わせているものだが、この男は物静かで黙々とまじめで、しかも繊細なタイプに見えた。あきらかに、オフィスワークが似合うタイプだろう。彼の横で大声で話しているアハマドのほうがよほど漁師っぽく見える。

「ボクは漁師向きではないけど、仕方ありません。妻と子どもを食べさせるためには、何かやらないといけませんから」

そう語る哀しそうな目が光り、私は彼の目を凝視することができなかった。

日が傾いてきていた。夕日が腰を屈めて作業する彼の顔を照らす。汗を光らせながら、一心不乱に網と格闘している彼の顔には、人のよさが表れていた。そのとき、別の漁師が近づいてきて、網の手入れをする男に何か言いながら、ジェスチャーしている。アハマドによると、他の漁師たちが、彼に仕事を教えているのだという。教えられながら、一生懸命に手を動かしている彼の姿。その身体からは汗が迸り、したたる汗が足下の砂地に吸い込まれていく。波が少し大きくなったようだ。打ち寄せる波の音で、話し声が聞き取りにくいほどである。

日が傾くにつれて、あたりは美しい琥珀色に染められていく。その光を浴びながら、ひたすら網と格闘する男たち。海では、子どもたちが波打ち際で戯れ、歓声をあげている。若い夫婦が散歩しながら、静かに通り過ぎてゆく。今日も、ガザの一日が静かに終わろうとしていた。明日も静かな朝が来て、平穏な一日があるのだろうか。そう願いたいものだと思いながら、私は地中海に沈んでいく夕日を見つめていた。

パレスチナがつかの間の和平への期待で沸いていた九三年以降、その数年後には明確に和平はやはり夢だったという状況が明らかになった。というよりも、オスロ和平合意が明らかになった時点で和平が実現すると思っていたメディアの感覚の鈍さは、ほとんど犯罪的なレベルであったと私は思う。

現地でも、そしてもちろん世界でも、大手メディアが確信的に報道するのを目の当たりにして、多くの人々はパレスチナの和平は決定事項だと信じただろうし、それに相反する主張には、当時誰も耳を貸さなかった。つまり、メディアにはその責任があるだろうと思うのだが、実際には、確信のない情報を垂れ流し、その責任は負わないという現実がある。もちろん、中には冷静に事態の推移を分析していた個人もいたが、そういう人たちの声はあまり表に出ることがなかった。和平に水を差すような発言や論調は、ほとんどの場合タブーだった。私や一部の記者の言葉など、大手メディアにとっては、おとぎ話でしかなかったのだろう。

和平の進展が全くの空論であったことが明らかになり、それと同時に、イスラエル軍とパレスチナの武装組織との衝突は頻発していった。九〇年代半ば以降、イスラーム組織による自爆攻撃も激化。こうなると、和平は文字どおり葬り去られた形になり、メディアの論調も少しずつであるが変わりはじめた。

九六年のはじめにガザに行ったときに、パレスチナの状況の変化をこの目ではっきりと見ることになった。パレスチナの解放を掲げてあらゆる意味で主導権を握っていたはずのアラファートとその組織だが、彼らの求心力はこの頃から急激に低下しはじめていた。代わりに台頭してきたのが、ハマース（イスラーム抵抗運動）だ。もともとイスラーム的な相互扶助、福祉、教育など民生を担っていた運動だが、パレスチナ情勢の急変を受けて、軍事的、政治的にも伸張著しいものがあった。

ガザの中心街の広場で私が見たのは、おそらく数万人規模で集まった人々と、その場に姿を見せたハマースの兵士たちだった。ハマースの軍事部門の兵士たちが公に姿を現すようになったのは、この頃からだったと思う。数年前まで、占領地では見ることがなかった武装したパレスチナ人たち。自動小銃などで完全武装した兵士たちに、かつてのヨルダンやレバノンでの解放闘争を彷彿とさせるものがあったのは確かだろう。ガザやヨルダン川西岸の人々が歓声をあげたのは、当然といえば当然だった。

パレスチナでは、これ以降も和平の崩壊がより鮮明になっていった。和平への流れが一時的に停滞しているだけだと感じられる様子だったのが、最終的には決定的な終わりへの道を突き進んでいった。それはまるで、人知の及ばない大きな歴史の流れに、人間たちが流されているとしか思えないものだった。

新しい世紀、二一世紀を迎えたとき、世界の人々の多くは、平和の世紀への大きな希望や夢を抱いていたことだろう。それはパレスチナの人々も同じであり、多くのイスラエルの人々もそうだったと思う。しかし、実際に何かが起きたとき、私たちの思考は停止する。


二〇〇〇年九月になって、突然のようにパレスチナで第二次インティファーダがはじまった。それは、まさに青天の霹靂としかいいようのないものだった。パレスチナの状況は常に把握していたつもりだったが、この事態を予測できなかった私は、皮肉なことだけれど、メディアのバイアスに覆われていたのだとしか思えない。

それが起こったとき、西アフリカのシエラレオネにいた私は、テレビ画面で見た懐かしくも哀しい光景に釘付けになった。エルサレムやヨルダン川西岸の風景や人々の姿、テレビ画面から伝わってくる乾いた空気や砂の匂い、しかしそれらは脇に追いやられて、画面の中心に映し出されていたのは、怒りにゆがむ人々の顔や立ち上る硝煙、タイヤが燃え、空を染める黒い煙、流れ出る鮮血。そこには、私の感傷が入り込む余地などなかった。

それまでの数週間、私はアフリカのリズムに染まり、そこでの暮らしを楽しんでいたのだが、テレビの向こうで炸裂する人々の怒りは、テレビ画面を突き抜けて私の脳髄を直撃したかのようだった。アフリカの気怠い空気に包まれながら、私の意識はすでにその地に飛んでいた。

アフリカでの仕事を終わらせ、アフリカ西岸からパリ経由でイスラエルに飛び、パレスチナに入った。

エルサレムは静かではあったが、パレスチナ人たちが多く暮らす東エルサレムでは、いたるところにイスラエル兵や警察の姿が見られた。そんなエルサレムの旧市街を歩き、数年ぶりに訪れた聖地への懐かしさを味わいたかったたが、感傷に浸る雰囲気などどこにもない。ほとんど観光客のいない石畳のヴィアドロローサ（旧市街の中の道。イエスが十字架を背負ってゴルゴダの丘まで歩かされた道といわれている）を行き交うのは、イスラエル軍の兵士たちや入植者たちで、誰もが自動小銃の引き金に指をかけて歩いている。それをやり過ごすパレスチナ人たちは、無関心を装いながらも、緊張した面持ちだった。その表情から感じ取れたのは、怒りか悲しみか、軽蔑だったたか。いずれにしても、この至高の聖地に漂う空気は、私のようなよそ者を決して同化させようとはしない。いつになく疎外感を覚えながら、私は旧市街の入り組んだ通りを彷徨っていた。

翌日、私は燃え上がる炎のただ中に立っていた。

ラーマッラーは、エルサレムからそう遠くないヨルダン川西岸の都市だ。距離にして二〇キロ弱、車で行けば三〇分もかからない。現在では、パレスチナの事実上の首都としての機能を持っている。エルサレムとラーマッラーの間には、カランディアと呼ばれる検問所があり、そこを通過する時の様子から時々の情勢がある程度はわかる。このときは、きわめて厳しい警戒態勢にあった。パレスチナ人たちの出入りは事実上禁止され、私たちも車での立ち入りができなくなっていた。カランディアの手前で車を降り、徒歩で検問を通過して、パレスチナ側で別の車に乗り換えた。

検問を避けて、かなりの遠回りをしてラーマッラーに入ることも可能ではあったけれど、時間がかかる上に、リスクもある方法だった。

検問にはいつになくたくさんのイスラエル兵が配置され、各所に狙撃兵がいた。イスラエル軍が今回の事態を真剣に受け止めている証拠でもあろうが、この状況は私たちにとっては、きわめて危険なものだ。こういう現場では、少しの誤解から撃たれることがよくあるからだ。何度もそんな場所へ行ってはいるが、そのたびに気合いを入れ直す必要がある。これまでも、何人ものジャーナリストが、イスラエル軍に撃たれて死傷していた。時としてなぜ撃たれるのかわからないような場面であったりもするが、特に兵士たちに緊張の色が濃いときは、こちらの緊張も高まるのだった。

いつもなら、適当に無駄話に応じたり笑顔も見せる兵士たちだが、このときは全く無言であり、常に自動小銃の引き金に指が掛かっていた。いつになく静かな検問所を歩いて通り過ぎる間、自分の足音が異様に大きく聞こえ、耳の中でこだましていた。

検問の向こうでは、いつものようにパレスチナのタクシーが待ち構えていた。運転手の表情にも、特に変わったところはない。一番手前にいた、若い運転手の車に乗り込む。

「ラーマッラーの様子はどうだい」

「いつもと変わらないよ。心配いらないよ」

アラブ音楽が流れる車内で、運転手は鼻歌を歌いながら答えた。

「どこから来たの」

「日本だよ」

「おお、日本人。ようこそパレスチナへ」

これでいくぶん気が緩んだ。彼らにとっては、命の危険なんていつものことだから、それほど深刻さはないのかもしれない。ようこそパレスチナへ。この決まり文句を何度聞いたことだろう。通常ならば、このフレーズを聞くと笑顔で応えるのだが、このときは多少違和感を覚えながら聞いていた。

ラーマッラー市内は、まったく紛争の影を感じさせない様子だった。中心街にはたくさんの車が行き交い、多くの商店が店を開けている。喧噪の中で誰もが自分の生活に忙しそうだ。アフリカにいたのはまだ数日前のことだ。慌ただしい旅の疲れもあったので、とりあえずケバブレストランで食事をしてから、別のタクシーでラーマッラー郊外のイスラエル軍との衝突現場へ行った。運転手は、こちらが何も言わないのに現場へと私を乗せていってくれた。

「今ここにいる外国人は、みんなあそこへ行くんだろ」

「どんな様子？」

「さあね、危ないから俺は行かないよ。テレビを見ていると、けが人は結構出ているみたいだな」

ラーマッラーの中心街を出て、閑静な住宅地が並ぶ通りを走り、街外れに出ていく。遠くに黒い煙が上がっているのが見えた。そこが私の向かっている現場らしい。少し離れたところで降ろしてもらった。

「この坂を登って、まっすぐ行けばわかるよ。気をつけてな」

車から降りると、銃撃の音が立て続けに聞こえた。人々の叫び声も聞こえる。タイヤを燃やしているのだろう、空は黒くくすんでいた。はやる気持ちを抑えながら、早足で歩いていく。現場付近から戻ってくる何人かのテレビクルーやカメラマンとすれ違った。誰もが疲れた表情で、服は汗とホコリにまみれている。坂を登り切ると、一気に視界が開けた。

その瞬間、私の視線は数日前にテレビで見ていたのと同じ映像を捉えた。その瞬間に、私は一瞬地に足が着いていない状態に陥った。テレビ画面の映像と目の前の光景が重なり、ある種の既視感を伴って認識されたのだ。目の前、おそらく二〇〇メートルくらい先で実際に起きていることと、海の向こうの別の大陸でそれを見ていた自分の意識がシンクロして、わけがわからなくなった。現実を見ながら、映画でも観ているような感覚とでもいうのだろうか。

頭を叩き、目をこすりながら、私は歩き続けた。あたりには、硝煙の匂いとタイヤの焼ける嫌な匂い、忌まわしい催涙ガスの微かな匂いが鼻腔と網膜に張り付いて、かすかな刺激と共に涙腺を刺激した。催涙ガス。これを吸って何度死にかけたことか。完全に呼吸ができなくなるのだ。できることなら、二度と吸いたくないものだが、今目の前には、確かにそれとわかる白い煙が吹き出している。仕方がない。そういうところに自分はいるのだから。

歩き続けているうちに、次第に喧噪の中へと飲み込まれていった。怒号と叫びが渦巻く輪の中へ。硝煙と黒い煙とが立ちこめる中へと。世界が注目する現場の数多くの参加者の一人、出演者の一人として、私も舞台へと駆け上がっていた。数日前、アフリカでコーヒーを片手に眺めていた現場は、今私が立っているこの場所だった。久しぶりに来たこともあり、慣れるには何分かの時間が必要だった。そう、わずか数分で慣れるのだ。何十回となく経験してきたことを、体は確かに覚えていた。それは、まるで何かを食べるように、日本で電車に乗ることのように、自然に身体がその場での御し方を記憶していて、プログラムどおりに動いているという感じだった。

石を投げ、拳を振り上げている人々の前に立つと、イスラエル軍の兵士は思いのほか近くに立っていた。いくつもの銃口がこちらを狙っているのが見える。慌てて頭を下げる。衝突の現場となっているのは、ラーマッラーとイスラエルの入植地との境界付近だった。近くには、民家も建っていて、その陰から様子をうかがうのが、とりあえず安全ではありそうだった。物陰に座り込み、改めて周辺を見回すと、知った顔がいくつもあるのに気がついた。世界中からジャーナリストが集まっているのだ。パレスチナとは、そういうところなのだ。この地は五〇年に渡って、世界中からジャーナリストを引きつけてきた。今もその流れの一つであり、これからも何度もあることの一つなのだろう。

家の陰から三〇分ほど眺めていると、これは大きな衝突ではあるけれど、お互いが一定のルールを守ってやっている、ある種のゲームなのかなと感じた。パレスチナの若者たちの多くは、もちろん本気なのだろう。しかし、群衆の流れを見ていると、明らかに動きを統制している人間が何人か混ざっているのがわかる。おそらくファタハ（PLOの最大派閥）の人間なのだろうが、一般大衆の怒りを利用して、抵抗運動を演出しているのか。ファタハの指導者たちは、それを政治的な交渉につなげようとでもしているのか。確かに、本気の戦いであれば、イスラエル側に行くのはさして困難ではないはずなのに、まるで球技のようにお互いのコートから出ないまま、双方が節度を持ってゲームをしている。そうとしか思えない動きが目の前で続いていた。

とはいえ、そんなゲームの最中に命を落とす若者もいる。それは彼らが何らかのルールを破ったからなのか、それとも兵士たちのほんの気まぐれか、あるいは悪意か。いや、それさえも、予定調和なのかもしれない。ゴム弾を撃っている兵士たちが、時々実弾を撃つ。それに頭を撃ち抜かれ、一人の青年が大地に崩れ落ちる。大きな音が響き渡り、鼓膜を振るわせ、音の波は空気をざわめかせながら拡がっていく。

群衆の中で、一人の若者が静かに倒れた。まるで貧血でも起こして倒れたのかと思うような、そんな倒れ方だった。仲間の青年たちが彼を抱え上げて走る。何か叫びながら。誰もが悲痛な顔でこちらに走ってくる。おそらく撃たれたと叫んだのだろう。はるか後方で待機していた救急車がけたたましいサイレンを響かせながら、こちらに突っ込んできた。

そこに群がるジャーナリストたち。遠くから無表情にその騒ぎを見つめるイスラエル軍の兵士たち。これはなんなのだろう。目の前で確かに起きている事態。たった今、一人の若者が撃たれ、おそらく命を落としている。まさしく目の前で起きていることなのに、どこか遠くで起きていることの映像をスクリーンで見ているかのような、不思議な非現実感が漂う。なんだろう、この強烈な違和感は。私の目の前にいるのは、わずか二〇メートルほどのところでひしめき合うパレスチナの若者とジャーナリストたち。

どうして自分がここにいるのだろうか。風に乗ってまとわりつく埃と煙に咽せながら、顔を背け、ふと空を見上げた。そこには、いつもと同じ青い空が拡がり、鳥たちが人間を馬鹿にしたように飛び去っていくのが見えた。この空は、アフリカともそして日本とも繋がっている。同じ空の下で、世界の人たちはそれぞれの生を生きている。そこには様々な選択があるのに、なぜ私はここにいるのだろうか。

サイレンの音に視線を目の前に戻すと、先ほどの若者が救急車に乗せられていた。瀕死の若者を乗せた救急車は、猛スピードで去っていった。巻き上がる土煙に、その場に残された者たちが手や衣服の裾で、顔を覆う。向こう側ではイスラエル兵が、銃口をこちらに向けながら、手持ちぶさたな様子で立ち尽くしている。それは、ゲームの再開を待っている敵方のプレーヤーの姿にも見えた。

毎日のようにラーマッラーへと通った。一方では戦場に近い現場に身を置き、もう一方では、平穏な都会の一角で観光気分を味わう。エルサレムでは、テレビでドラマを見る側にまわる。特にユダヤ人が多く暮らす西エルサレムでは、多くの市民や観光客が町を散策し、ストリートミュージシャンが音楽を奏でるなかに身を置くことになる。これほど近いのに、あまりにも遠い距離感。舞台と客席を行き来するという感覚は、奇妙だ。車なら三〇分ほどで行けるところで起きていることが、エルサレムのユダヤ人たちにとっては、地球の裏側の出来事のように遠い。カフェで隣り合わせたユダヤ人にラーマッラーの様子を話すと、彼らは一様に驚き、とんでもないという風に、激しく首を振る。よくそんな危険なところへ行きますね、みんながそう言うのを何度聞いたことか。

ジャーナリストたちが集うカフェにも行って時々話をする。けれど、私には話すことなど何もない。若いジャーナリストたちは、興奮して話し続ける。経験の長い連中は、知った顔して偉そうに話す。私はといえば、適当に相づちをうち、煙草を燻らせるだけだ。起きていることは、以前と同じだ。これからも同じだろう。少なくとも表面的には。

しかし、私の中にはもう情熱がなくなっていた。表面的な事象に一喜一憂できなくなっている。それを仕事にしていることすら、どうかしているなと感じていた。なぜなら、そういう表層を捉えることが、どんな結果をもたらさず、また無意味だと思うから。私たちの一生は短いけれど、物事の本質は、おそらく数千年くらいの間隔で流れているのであり、目の前の派手な出来事に取り憑かれると、何も見えてこない。そう確信してしまったからだ。

そういう意識をもったまま相反する現場に行き続けるのは、精神的にはなんとも落ち着かないものだ。

夜の西エルサレムのオープンカフェで一人座っていると、とても気が休まる。楽しげに語る人々、ときおり通り過ぎる、治安維持任務につく兵士たち。あちらこちらのカフェやレストランから流れる音楽。路上のストリートミュージシャンたち。この人たちの日常と三〇分離れたところにいる人たちとの間には、距離以上の障壁がある。この人たちが互いに交わり、理解し合える日が来るのだろうか。もしかすると遠い将来には、そうなるのかもしれない。しかし当面は、そういうことが起きるとは想像すらできない、悲しむべきことだが。

それにしても少し肌寒いくらいの夜の風が、何と心地よいことだろうか。いつまでもこうして過ごしていられたら、どれだけ幸せだろうか。そして、この地域に平和が訪れたらどれほど素晴らしいことだろうか。

第二次インティファーダは、大方の予想に反してますます激しくなっていった。二〇〇一年に入ってからも、ラーマッラーはもちろん他の場所でも続き、拡がっていった。

そもそもこの騒ぎがはじまった直接の原因は、当時のイスラエル首相シャロンが、二〇〇〇年九月はじめにエルサレムのイスラームの聖地へ立ち入ったことにある。アルアクサモスクや岩のドームを有するこの広大な敷地は、イスラームではマッカ（メッカ）、マディーナ（メディナ）に次ぐ聖地とされている。同時に、ユダヤ教にとっても重要な聖地で、かつてのユダヤ王国の神殿は、ここにあったとされている。シャロンはあえてこのデリケートな地に立ち入った。それがどういう結果をもたらすか、予想していなかったはずがない。それを見越して強行したのだから、パレスチナとの和平交渉を葬り去りたかったのだろう。騒乱を起こし、その責任をパレスチナ側へ押しつければいいのだから。彼のもくろみは成功したともいえる。結果はおおかたの予想どおりとなり、和平は遥か彼方へと遠のいていった。

衝突の中心であったラーマッラーに、日に一度は顔を出すのが恒例になっていた。ある日、激しい衝突が続く現場で、いつの間にか私は石を投げる群衆に混ざって撮影していた。その熱気の渦中に立ち、パレスチナ人の若者たちの息づかいを肌に感じながら。他のカメラマンたちも同じようにしていた。たいていの場合、イスラエル軍はゴム弾を撃つことはあっても、実弾はごくまれにしか撃たなかったから、誰もが一定の安心感は持っていたと思う。

その日、イスラエル軍はいつになく攻撃的ではあった。軍用ジープで現場に乗り付け、その陰から撃っていたが、通常停止しているジープが、この日は何度かこちらに突っ込んできた。そのたびに、パレスチナ人たちや私たちは逃げる。ゴム弾や催涙ガスを放ってくると、あたり一帯が白い煙と逃げ惑う人々の叫びで騒然となった。私自身も何度もガスを吸い込み、一度ならず呼吸ができずに地面を這い回っていると、パレスチナの医療スタッフに救われた。催涙ガスを吸い込むと、呼吸ができず、目も開かず、肌や肺がチリチリと焼けるような感覚になる。そのままだと息ができなくて死ぬこともある。実際に子どもや老人、女性が犠牲になったケースは少なくない。不思議なことに、香水やタマネギが効果があるとされ、私も顔に香水を吹き付けてもらって息を吹き返した。

そんなことの繰り返しだったが、そのとき私は、パレスチナ側のバリケードのところで撮影していた。つまり、イスラエル軍と対峙する一番前で、だ。正面一〇〇メートルくらいのところにイスラエル軍のジープが二台。私の周辺で何人かの少年たちが石を投げている。さらに私の左には、旧知のベルギー人フォトグラファー、ロベールが撮影していた。彼とは同い年であり、私がこの仕事をはじめた頃からの顔見知りだ。イスラエル軍のジープは、しきりにエンジンの空ぶかしをしている。おそらく脅しだろうが、あるいはこちらに突っ込んでくるかもしれないと思いながら、撮影していた。過去にも何度かそういうことはあったし、こういう場面での写真というのは、それなりに緊迫感のあるものが撮れそうだという感触があった。

空ぶかしを聞きながら、少年たちはますます相手を挑発するように石を投げ、イスラエル兵を挑発する言葉を叫んでいる。私はそれを耳に捉えながら、ファインダーを覗き続けた。左目で横の様子を窺うと、ロベールも撮影を続けている。何十人もいる他のジャーナリストたちは、右側の建物の陰に隠れていた。ジープが突入してくるという予感があったのだろう。ときおり、顔を出しては撮影し、また隠れるということの繰り返しだ。

それは突然だった。いや、いつでも来ると思ってはいたけれど、いざその時が来るとやはり突然だったという感じは拭えない。イスラエル軍のジープが、エンジンを大きく吹かすと、一気にアクセルを踏んで直線的にこちらに突っ込んできた。少年たちは、挑発するように、石を投げ続け、口笛を吹き、ジャンプしてイスラエル兵を煽り続ける。

ジープはみるみる目の前に迫ってきた。ファインダー越しにもそれは感じられる。煽っていた少年たちも、一人二人と逃げ出しているのがわかる。怖くなり、ふとファインダーから目を離して肉眼で距離を確認する。それは思っていた以上に目の前に迫っていた。どうしようか、そろそろ逃げたほうがいいのではないか。ロベールを見やると、彼も躊躇しているのがわかる。一瞬互いの目線が交差する。再び迫ってくるジープを見ると、左側のジープのドアが開いている。バリケードなどがあるので、多少スピードは落ちているようだ。次の瞬間、開いているドアの下から何かが見えているのに気がついた。そこに視線が吸い寄せられ、何が見えているのかを確認しようとした。

それは、銃口だった。自動小銃の銃口がブラブラとドアの下から揺れているのだった。しかも、ゴム弾や催涙ガスのキャニスターがついていない。ということは、実弾だ。

その瞬間、心臓が凍り付くようないやな感覚がこみ上げてきたのを覚えている。幾分身体が強ばっていた気がするが、もう逃げなければ、動かなければと思った。瞬間的にロベールと視線を合わせると、ほぼ同時に身を翻して逃げた。必死で走った。あれは単なる脅しなんだ、まさか撃たないだろう、いや撃たないでくれと思いながら走っていると、「バーン」と鼓膜を振るわせる大きな音が聞こえ、走りながら首をすくめる。自分は走っているから弾は当たっていない、いやおそらく脅しで撃っただけだろう、と少し安心した次の瞬間、ロベールが気になった。横を見ても彼はいない、走りながら後ろを振り返ると、一番見たくない光景があった。

それは、倒れているロベールの姿と、彼に走り寄る数人のジャーナリストたちの姿だった。衝撃で頭の中が真っ白になる。私もすぐに引き返した。他のジャーナリストに抱えられたロベールは気を失っているように見えた。ズボンが真っ赤に染まっていく。足を撃たれたのだ。いつの間にか近くに来ていた救急車に乗せられ、彼の姿は見えなくなった。救急車は、猛烈な土埃を巻き上げながら、走り去っていった。彼がいなくなった地面には血のあとが染みのように残っていた。

後ろを振り返ると、ジープはのろのろと元のポジションへ引き返していくところだった。何だったんだ。これはどうしたことだろう。突然静かになった現場の中で、私は立ち続けた。彼が倒れていたところへもう一度行ってみると、確かに血のあとがあり、それは早くも黒ずんでいたが、まだ濡れていた。少年たちもジャーナリストたちも引き上げはじめている。誰もが私を非難しているようにも感じた。知り合いのカメラマンが私のところに来て、大丈夫かと肩を叩いていく。私は頷いたりしていたようだが、地に足が着いていないような感覚だった。身体はそこにありながらも、意識はどこか別の次元に飛んでしまっているかのようだった。

イスラエル軍のポジションを見ると、兵士たちが、今日の仕事は終わったとばかりに引き返しはじめていた。これはいったい何なのだ。あれほど気をつけていたつもりだったのに、結局その場の空気に飲まれ、ゲームの片棒を担がされていたのか。人がいなくなり、がらんとしたその場に私は立ち尽くし続けた。ロベールが撃たれて、私が無事だったのも、単なる偶然だろうか。頭が混乱していた。そして、彼が撃たれた非が私にあるのではないかと思ったりもした。あのとき自分があそこで撮影していなければ、彼もあの場で撮影していなかったのではないか。そんなネガティブな思考が脳裏に渦巻いた。

暮れなずむ現場を見回すと、先ほどまでの騒乱が嘘のように静まりかえり、数人の子どもたちが、車をひっくり返したバリケードで遊んでいた。タイヤは微かに煙を上げ、燻っている。先ほどまであれほどの熱気で満ちていたのに、今では少し肌寒いくらいの風が身体にまとわりついている。それが火照った身体を冷やしてくれるのだが、私の感情はまだ高ぶったままだった。

ようやく歩き出した私に、近くにいた子どもが、不思議そうな顔で手を挙げている。なんだか、全てが自分の中では終わったような気がしていた。今まで長い間こういうところで撮影してきた。命の危険を感じることは何度もあった。しかしこの日の出来事はそれとは違った。決定的なことだと感じていた。急速に意識が醒めていくのを感じた。

夜の闇が迫りつつあるラーマッラーを歩きながら、私の身体は抜け殻のようだった。その一方、意識は飛翔していき、何か新しい光を、遠くの方で一瞬煌めいた光を見つけたような気がしていた。

IV

全体に靄がかかったような街。目を見開き、視界が馴染んでくるまでじっと待っていると、少しずつ目の前が明るく、霧が晴れていくように周りの様子が見えてきた。

大通りに沿って建物が続いているが、どの建物にも銃弾の跡が残り、雨や潮風、そして年月の中で錆び付き、風化していた。

ベイルートの街の外れには、多くの人々が暮らすスラムのようなところがある。建物が密集して、路地は人がやっとすれ違えるほどに狭い。各家庭から路地に流れ出す排水。それらが黒く地上に流れ出し、饐えた匂いがあたりに充満している。

ときおり、完全武装の若い男たちが歩いているが、その表情には疲労の色が濃く滲み出ている。路地に面したドアを開けて出てきた住民が、椅子を持ち出して路地を行く民兵たちを眺めている。その男も、かつては民兵として戦ったのだが、今では年齢とともに弱っていく身体をいたわりながら、ここで雑貨屋を営んでいるのだ。男の目は民兵を追い続ける。羨望と期待の入り交じった目で。しかし同時に、諦めの色が見える。そして、それはここ数年でますます強いものになっていた。

民兵たちは、外に出ると待っていたジープに乗り込み、街の中心街を目指す。ジープの荷台は屋根や座席が取り外してあり、機関砲が据え付けられていた。彼らは破壊された町を無感動に見つめながら、未舗装の悪路に揺られていく。

散発的な銃声が各所から聞こえている。長く続く戦闘で、街の支配地域はたびたび塗り替えられている。街の中では常に警戒が必要だ。

かつて多くの人々が暮らし、世界中の観光客で賑わっていた街。そう遠くない過去のことが、今では数百年も前のことだったかと思えるほどだ。今この町にあるのは、隣り合わせの死と、そして少しの希望とロマンぐらいか。

若者たちのジープが通りを抜けて、細い裏通りに差し掛かったとき、突然ジープがボンと跳ねて、煙が立ち上った。地雷だ。すぐに続く銃撃の嵐。全ては一瞬のことだった。あとには、建物に寄りかかるように傾いて放置されたジープと、その脇に横たわる若者の遺体。ジープからはまだ微かに硝煙が立ち上っていた。通りは相変わらず静まりかえり、何事もなかったかのようだ。驚いて飛び出してきた猫が数匹、ジープを遠くから見つめ、チョロチョロと流れる下水の水を避けながら走り去った。

撃ったのは、対立する民兵組織のやはり若者たちだ。建物の上で待ち構えていたのだ。ここは死んだ若者たちの支配地域なので、襲撃した男たちは、すぐに逃げていった。うまく逃げ切れるかどうかは、時の運次第だ。どちらの若者も、死ねば殉教者だ。彼らが得られるものはそれだけで、他には何もない。遺族も、息子さんは殉教者ですと突然言われ、崇められる。そして、いつしか忘れ去られる。悲しみに浸ることもできない。どの家庭にも、少なくとも一人は殉教者が出ている。これは、そういう戦いだった。

傾きひび割れたコンクリートの壁に無数に貼り付けられた、殉教者のポスター。色褪せた写真の上に、新しい別の写真。どれだけの命が、こうして失われていったのだろうか。数が多すぎてめまいがするような光景だった。

街角の立ち飲みカフェでコーヒーを飲んでいる男がいた。ジハードだ。かつての夢と希望、なによりも革命に命を賭けていた姿ではなく、そのときの彼には疲労感が漂い、髪にも白いものが目立ちはじめていた。髭もほとんど手入れされていない。相変わらず胸から下げているカメラはボロボロで、レンズフードはひしゃげている。

彼はまだ撮影を続けているのだろうか。右手は自動小銃に添えられていた。まるでカメラに対するのと同じように、愛おしそうに木製の銃床を撫でていた。

ジハードが一瞬こちらを見た。すぐに目線を手元に戻したが、その目はとても哀しそうだった。命を賭けてきたことが崩れて、変容していくのを見ているのは辛いことだ。それを記憶の中に辿る私にとっても。いつしか、夜は更けていき、彼の姿も闇に紛れて消えていった。どこか遠くで、誰かの叫ぶ声が聞こえた。

パレスチナ人たちが、ヨルダン川西岸地区とガザ地区で、一定の自治を与えられたことが和平の成果であったといえばそういうことだが、与えられたのはそれだけだった。それは最初からわかりきっていた偽りの和平であり、パレスチナの人々の絶望や怒りは、日に日に高まっていた。

パレスチナ人が武器を持ったことにより、イスラエルの市民にも犠牲者が増えていた。特に、ハマースなどパレスチナ側が殉教作戦と名付けた自爆攻撃の増加により、イスラエルの市民にも大きな恐怖を生み出し、イスラエル政府は対応を迫られていた。大きな衝突は不可避かとみられていたが、それがいつになるかは誰にもわからなかった。

二〇〇二年の春、私はエルサレムにいた。女性として初めて自爆攻撃を仕掛けたパレスチナ人女性の家族を訪ねるのが大きな目的だった。自爆する人たちの側からの視点を明らかにするドキュメンタリーを撮りたかったのだ。けれど、それは叶わなかった。

イスラエル軍が、ヨルダン川西岸に本格的な侵攻をはじめたのだ。

気がついたときには、イスラエル軍部隊がヨルダン川西岸各地に進撃していた。その年のパレスチナはいつになく気象がおかしく、春になっても寒く曇りがちで、連日のように雷鳴が轟いていた。何か起こりそうだという予感を感じさせるものだったが、それは現実となった。しかもそれは、非常に激しいものだった。

ヨルダン川西岸地域は基本的にイスラエル軍によって閉鎖されていたが、抜け道はいくつもあり、ラーマッラーの近くまではなんとか行くことができた。ただ、ラーマッラー周辺は完全に閉鎖されており、車で入ることはできない。パレスチナ人や他のジャーナリストから情報を聞いて、徒歩で入ろうと試みた。通りには誰も出ていない。通り沿いの家々も窓を閉め切り、住人はいるのだろうが、外からは人の気配を感じることはできない。誰もが息を潜めている、そんな感じだろうか。

通りを歩いていると、イスラエル軍戦車や装甲車が、地響きを立てて行き交う。隠れようかと思ったが、彼らは私の姿を見ても全く気にせずに通り過ぎていくので、そのまま歩き続けた。エルサレムからラーマッラーへと続く道は、家並みがほとんど途切れなく続いている。所々に畑も見られるが、通常であれば人も多く出ていて、交通量の激しいところである。それがこのときには、見渡す限りまったく人がいない。車も通らず、物音もしない。鳥肌が立つような光景だった。そんな通りを一人で歩き続けた。聞こえるのは自分の息づかいと心臓の鼓動のみ。ときおり鳥の囀りが聞こえる以外、あたり一帯がまるで死の町と化しているようだ。この世に自分以外の人が存在しないのでは、と思えるほどだった。

ひたすら歩き続けて、なんとかラーマッラーの外れに辿り着いた。町の中心まではそれほど遠くはない。車では何度も通り過ぎているが、歩いていくのは初めてだ。おそらく近道だろうと、裏通りを歩くことにした。住宅地が続く中を一人で歩き続ける。綺麗に区画整理され、大きな家々が並んでいる。どの家も丁寧に庭の手入れがされていて、ガレージには車も停まっていた。それにしても人の気配がない。みんな逃げてしまったのだろうか。

気分を紛らわすために周囲を見回しながら歩いていると、一軒の家の窓から男性が顔を出した。一応にこやかに挨拶をする。向こうも手を振りながら、私の行こうとしている方を指さし、危ないから行くなと身振り手振りで教えてくれる。アラビア語で話しているが、兵士がいるから、と言っていることはわかった。遠くから銃声は聞こえているが、どこで戦闘が起きているのかはわからない。音が反響して、四方八方から銃声が聞こえているような感じなのだ。せっかくここまで来たのだから、もう少し行ってみるつもりだった。住人の男性に手を振って謝意を伝え、歩き出した。しばらく歩くと、住宅地が途切れ、ビル街の外れ、中心街からそう遠くないところまで来た。銃声はますます激しさを増している。大きな公園がある場所に出て、ようやく人の数も増えてきた。公園の近くには病院があり、救急車が何台も行ったり来たりしていて、負傷者が次々に運び込まれていた。

病院の庭で様子を見ていると、かなりの戦闘が行われていることがわかった。運び込まれてくる人たちの数がやたらと多いうえに、その家族が次々に病院を訪れ、病院はパニック状態になっていた。ジャーナリストもたくさん集まっていて、救急車が救急病棟の前に着くたびに、カメラを構えていた。血まみれになった人が運ばれてきた。担架の上で身動きせず、すでに死んでいるか、あるいは瀕死の重傷であるようだ。すぐにカメラマンが群がって、シャッターを連射している。なんと傲慢で礼を失した行為なのだろうか。私はカメラを構えることもできず、ただその騒ぎを眺めていた。

街の中心からは、さらに激しい銃撃戦の音が聞こえている。どうなっているのかまったくわからないが、かつてない戦闘になっていることは確かだった。

中心街に行こうとしたが、医者や死傷者の家族らに止められた。ビルの屋上にイスラエル軍のスナイパーが配置についていて、動くものを片っ端から撃っているのだという。それでも少し歩いて見たが、通りという通りでイスラエル軍の戦車や装甲車が道をふさぎ、私の姿を見た兵士が駄目だとばかりに銃を向けて威嚇する。この状況で進んでいくのは難しい。この場はあきらめるしかない。私は素直に引き返した。エルサレムに戻って情報を集めたほうがいいだろう。

数日のうちに、ヨルダン川西岸全体が戦場になっていた。ベツレヘムでは、パレスチナ人民兵たちが聖誕教会に立てこもったという。確かに、隠れる場所としては、これほどよい場所もないかもしれない。世界中のキリスト教徒の手前、さすがにこの教会は攻撃できないだろうからだ。しかし、イスラエル軍は教会を包囲して、散発的ではあるが、銃撃戦も起きているらしい。ベツレヘム市内でも戦闘が起きているようだ。とにかく、非常事態であるのは確かだ。できる限り各地の様子を見ておきたい。

エルサレム市街地を抜けて一〇分ほど走っただろうか。ベツレヘムへと至るハイウェイは、イスラエル軍の戦車で埋め尽くされていた。舗装された道には戦車や装甲車が遠くまで並び、兵士たちが出撃準備をしていた。予備役が招集されたということだから、イスラエルは完全にやる気になっているようだ。

戦車の周りで武器の手入れをしたり、新聞を読んだりしているイスラエルの兵士たちは、驚くほどリラックスしていた。この戦争に余裕で勝てると考えているのだろう。自動小銃や携帯式のロケット砲くらいしか持っていないであろうパレスチナの民兵たちに、とうてい勝ち目はないように思えた。宗教的な兵士たちは、出撃を前に礼拝していた

パレスチナの民兵たちも祈りを捧げて戦いに出て行く。同じように神に祈る者同士が戦い、しかも彼らの祈る神は同じなのだ。悪い冗談としか思えないこの戦い。しかも、イスラエルの兵士

たちには、戦争に行くというよりはピクニックに出かけていくくらいの余裕の表情しかうかがえなかった。

こういう事態になった以上は、パレスチナ側には選択の余地はない。戦わざるを得ないだろう。どの時点で停戦に持ち込めるのか、それが焦点になってくるにちがいない。

ベツレヘムへ入るには、この時点では隣接した村であるベイトジャッラを経由するしかない。そこからベツレヘム中心街近くまでは、意外にも簡単に行くことができた。ベツレヘムへと入る交差点に、各国の報道陣が集まっていた。ベツレヘム市内からは、例によって激しい銃撃戦の音。空にはイスラエル軍の対戦車ヘリが飛び交っている。地上では戦車や装甲車が走り回り、騒然としていた。そのあたりには商店も多いが、シャッターを下ろしている。

私は、その場にいた日本人ジャーナリスト数人と共に歩き出し、中心街を目指すことにした。しばらく坂道を上り、聖誕教会へと続く大通りに出たいと思った。頭上を飛び回る戦闘ヘリが気になる。このヘリは通常、戦車や装甲車を攻撃するためのもので、対戦車ミサイルや二〇ミリ機関砲などを備えた、現代の市街戦用のまさに最新兵器だ。パレスチナ人側からすれば、こんなのを相手にしたらとても太刀打ちできない。私たちも間違えて撃たれないようにしないといけないので、非常に神経を使う。なるべく建物の軒下を歩き、建物の陰から出るときには、先の様子を窺いながら歩いた。撃たれたらもちろん、一巻の終わりである。銃撃の音や戦車の動き回るエンジンやキャタピラの音以外は、恐ろしいほど静かだった。家々のシャッターは堅く閉じられ、誰一人歩くものはいない。

普段なら、このあたりには市場が出て、土産物などが売られ、観光客が散策する賑やかなところだ。しかし、今そこを支配しているのは静寂と、各所で警戒についているイスラエル軍の兵士たちの姿だった。教会もいくつかあるが、どこも門を固く閉ざしている。ときおり窓から神父や修道女が外を覗いているのが見える。誰もが険しい顔をして、通りで寛ぐイスラエル軍兵士を見つめていた。

それにしても、と思う。ベツレヘムといえば世界に名だたる聖地であり、平和の象徴ともいえる街である。本来、平和の祈りが響き渡り、全世界へのメッセージが説かれる場所であるはずだ。それがこのありさまだ。私自身は宗教を重視はしていないが、この街に、宗教が生まれてくる元になった、何か本質的な力があることは感じている。その場所が踏みにじられ、殺戮と破壊が起きていることが信じられないし、残念でならない。いつもは美しい鐘の音が響く幾多の教会から、何の音もしない。誰もが息を潜めて、嵐が通り過ぎるのを待っているのだ。

大通りに出て、聖誕教会方面へと歩を進めた。行く手には、聖誕教会の塔が少し頭を覗かせている。瞬間、銃撃戦の音がなぜか止まり、神聖とも思える静寂があたりを支配していた。暑さと歩き続けた疲労からか、自分の呼吸の音だけが頭の中に鳴り響いていた。少し休もう、そう思って石畳の日陰に腰を下ろし、あたりを見回した。

その時である。突然、バリバリバリという大きな音が頭上から響いた。一瞬心臓が止まるかと思ったほどの音だ。慌てて空を見上げると、建物の影から、空を飛び回るヘリが機関砲を撃っているのが見えた。空が見渡せるところまで行ってみると、ヘリがホバーリングしたまま、コックピットの下にある機銃を標的に向けて、撃っている。機銃の先からは、白い煙が立ち上っている。何を撃っているのだろうか。それは、実に異様な光景だった。澄み切った青空の下で起きていることだけに、その違和感は倍増していた。何を撃ったにしても、撃たれた人間が無事に逃げおおせたことを無意識のうちに祈っていた。

一通りの射撃を終えてから、機銃がダラリと垂れ下がる様が、何とも言えず気持ちが悪い。爬虫類的な、有機的なその動きが不気味である。ブラブラしながら、まだ煙を吐き出している銃口。ヘリは機首を下げ気味にして、少し上昇し、また獲物を探しに行ったようだ。少しずつ機影が小さくなっていき、エンジン音が小さくなっていき、あたりは再び静かになっていった。

しばらく休んでから再び歩きはじめた。暑さに疲労は増すばかりだが、とにかく聖誕教会へと辿り着きたかった。通りが突き当たり、右方向へ向かって歩き出すと、前方遠くにイスラエル軍の装甲車が三両、道を塞ぐように止まっているのが見えた。その前には、二人の兵士が立ち、こちらを見ている。こういうときが一番緊張する。一度立ち止まり、隣にいたジャーナリストと顔を見合わせる。両手を挙げて、ジャーナリストだと何度か叫んでみた。彼らの撃つべき相手ではないと理解させなければならない。向こうも気が立っているし、緊張もしているだろうから、ちょっとしたことですぐに引き金を引く可能性があるのだ。

しばらく手を挙げたまま歩き続ける。あくまでもゆっくりと、だ。しばらく進むと、相手も何か叫んでいるのに気がついた。よく聞いてみると、引き返せと言っている。そこでまたジャーナリストだと叫ぶ。少しずつ歩を進めていると、いっしょに歩いていたジャーナリストの一人が、何を思ったのか突然望遠レンズを相手に向けて構えたのが見えた。

「危ないからやめてくれ」

と言ったのとほぼ同時だった。

タタタタ、機銃のうなり声が聞こえた。私はとっさに地面に腹這いになった。その瞬間、すぐ脇の家の壁に銃弾が当たり、石の破片が飛び散った。銃撃はすぐに止んだが、私はしばらく腹ばいのまま頭を抱えていた。心臓がドクドクと脈打ち、血の気が引いているのが自分でもわかる。

そっと顔を起こして、撃ってきた兵士たちを見る。相変わらずこちらに銃を向けてはいるが、様子を見ているようだ。右側に顔を向けると、望遠レンズを構えたジャーナリストが、笑いながら、いやあ撃ってきたねえ、怖いなあ、などと馬鹿げたことを言っている。呆れてものが言えないとはこのことだ。余計なことはしないで、と念を押し、ゆっくりと立ち上がった。大きく手を挙げて、改めてジャーナリストだと伝えるが、向こうも大きく手を振り、引き返せと怒鳴っている。これはもう駄目だ。少なくとも、この道は行けない。仕方なくもと来た道を引き返した。しばらくの間、相手からはこちらの背中が見えていたはずだから、通りを曲がるまではゆっくりと慎重に歩き続けた。生きた心地がしなかった。

何度か道に迷ったあげく、今度は有名なスターストリートを通って、聖誕教会へと歩きはじめた。この通りも完全に死が支配していた。ゴミがいたるところに散らばり、潰れた車が道路脇に放置されている。戦車が通ったのだろう。それにしても、戦車の破壊力は凄い。自動車が、まるでプレス機にかけられたかのようにぺしゃんこになっている。石畳にも、キャタピラの跡が残っていた。さらに進むと、より入りくんだ路地になる。潰れた車や焼けた建物、焼けたゴミなどもあり、なんともいえない匂いが充満している。生ゴミと燃料の焼け焦げた残り香が、様々な匂いと混じり合って、路地に漂っていた。壁に弾痕が残っているから、この狭い路地でも撃ち合いがあったのだろう。

戦闘がはじまってからそれほど日が経っていないにも関わらず、石壁やシャッターには、たくさんの新しいポスターが貼ってあった。殉教者のポスターだ。多くが二〇歳前後の若者たちだ。中年の男たちも混じっているが、多くはパレスチナ警察の制服を着ていた。いったいどれだけの若者たちが死んだのだろうか。

やがて近所の人々も外に出てきて、私たちに口々に訴えている。ジャーナリストが三〇人くらいはいただろうか。欧米や日本の大手メディアの記者たちもいる。テレビカメラを担いだ連中は、住人のインタビューを撮ったり、キャスターがレポートをしたり、騒々しい現場になっていた。私は少し離れたところで石段に腰掛けて、目の前の光景をただ眺めていた。

二〇〇〇年前に、預言者の誕生を知ってその祝福に来た東方の三賢人は、まさにこの道を通って、預言者と聖母マリアに会って祝福を与えたと伝えられている。その道で、殺戮と破壊が起こり、憎悪と悲しみが渦巻いている。何の因果でこんなことが起きているのか、どう理解したらよいのか、私にはわからなかった。混乱するその場で、密集する家々の間から少し見える空を見つめながら、思いをめぐらせた。この空は、二〇〇〇年前にあったのと同じ空なのだろうか。だとしたら、過去のこともこれからのことも、空は全てを見通しているのだろうか。これから何が起きようとしているのか、教えてくれないだろうか。

目の前に、聖誕教会が見えてきた。懐かしいその姿は、見たところ以前と変わらず、何事もなかったかのように、どっしりと建っていた。どういうわけか、いつもよりも荘厳な雰囲気が増しているかのようにさえ見えた。違うのは、周囲に人の姿が見られないことだった。

スターストリートから商店街に出て、そこを抜けていけば聖誕教会へと至るところまで来て、イスラエル軍兵士に制止された。どこに隠れていたのかと思うほどの人数で、いきなりぞろぞろと目の前に出てきたのだ。

「教会にテロリストが立てこもっている。危険だからこれ以上進むのは許可できない」というようなことを言い、目の前に立ちはだかっている。やはり、教会へは行けないのか。私は仕方がないかと思ったが、他の報道陣が意外に高圧的なのに驚かされた。もちろん全員ではないが、一部のジャーナリストは、兵士に論争を挑んだり、なかには体当たりして強行突破を図ろうとする強者までいた。兵士たちも驚いただろうが、ジャーナリストと兵士の格闘というのはなかなか見られないものだから、彼らと距離を置いて見物と洒落込んだ。その様子を撮影しはじめるテレビもいた。騒ぎはしばらく続き、近所のパレスチナ人たちも、家の窓からそっと顔を出して様子を窺ったりしていた。しばらくして、兵士たちもいい加減面倒になったのだろう。いきなり催涙ガスをまき散らして、どこかへ消えてしまった。私たちは、否応なくその場から立ち去るしかなかった。

ベツレヘムでの攻防戦は、最終的にはパレスチナ側とイスラエル側の妥協で終わった。教会を占拠していた民兵たちは、ガザへと移送されていった。ベツレヘムに静かな日々が戻りつつあったが、街が受けた傷跡は大きかった。人々が受けた傷はさらに大きく、その影響は長い間消えることなく残っていくのだろう。

このときヨルダン川西岸地区全体を襲った事態は、まさに暴風雨のごとくにほぼ全ての地域を駆け抜けていった。一カ月にわたって吹き荒れた嵐は、北部のジェニン難民キャンプでクライマックスを迎えつつあった。

ジェニンキャンプは、ヨルダン川西岸でも特にイスラーム主義組織イスラミック・ジハード（以下ジハードと記述）の勢力が強いところで、ジハードの若者たちはファタハ指導部や自治政府の統治に従わずに、勢力を伸ばしていた。また、イスラエル内での自爆攻撃などに彼らが関与しているとイスラエル側は読んでいたようだ。どれだけの証拠があったかはわからないが、イスラエルは作戦を行うのに十分だとの確証をもっていたのだろう。

ジェニンキャンプはイスラエル軍に包囲され、他の地域と比較しても、特に入域が困難な場所となっていた。多くのジャーナリストがジェニン近辺に拠点を置き、戦闘状態にあるジェニンに入ろうとしたが、イスラエル兵に阻まれことごとく失敗していた。紛争の初期段階で入っていた何人かを除いて、数百人のジャーナリストが入れずに待ち続けたのだ。

私もキャンプのすぐ隣の村まで行き、そこから歩いてキャンプに浸入しようとしたが、なかなかうまくいかない。何度かキャンプの入り口近くまで行ったが、イスラエル軍兵士に追い返された。目の前にあるキャンプからは、銃撃の音、爆発の音、キャンプ内の建物からは白や黒の煙が幾筋も立ち上っている。

断片的な情報では、虐殺が起きているという。イスラエル軍側にもかなりの死傷者が出ているともいう。しかし情報の真偽はわからない。

それにしても、目の前にいながら、その中へ入ることができないというのは、精神的に非常に辛い。私はとにかく歩き回り、何か手段はないか、どこかに抜け道はないのか探し続けた。しかし見つからず、ジェニンの銃声を聞きながら、二日を過ごすことになった。

夜のジェニンは、一言で表現すれば巨大な工事現場のようだ。包囲したイスラエル軍がサーチライトを照らし、キャンプ中心部は周囲の闇と比べて、異様なほど明るく浮き上がって見えた。内部では散発的な銃声と、絶え間なく動いている重機の音が聞こえていた。

ジェニンキャンプには、友人が一人いた。かつてこのキャンプを取材したときに知り合った男で、ムハンマドという。敏腕なビジネスマンとして、湾岸諸国など海外にも度々出かけていた。彼の家はキャンプを見下ろす高台にあり、そこからならキャンプの状況が一望できるのだ。もしキャンプにいるのならなんとか話をしたいと、数日前から彼に電話をかけ続けていたが、全く通じない。もしかしたら、また海外に出ているのかもしれないが、あきらめずに時々電話をかけていた。

突然、彼との電話が通じた。私は喜んで話しかけたが、彼の様子は少し変だった。何か状況がよくないのか、小声で話し、その話は要領を得ないものだった。身動きが取れないことは確かなようだ。彼の家の立地からすると、イスラエル軍に占領されているのかもしれない。キャンプ全体を見渡せる展望台のような立地だから、イスラエル軍にとっても都合のいい場所だ。イスラエル兵が近くで聞いているのだとしたら、会話ができないのも理解できる。また連絡すると伝え電話を切った。しかしそれからまた電話は繋がらなくなり、そのときの滞在では、彼と会うことは叶わなかった。

翌日になり、多少展望が開けてきた。パレスチナ人で欧米の通信社で働いているフォトグラファー、マフーズが、なんとジェニンキャンプ内へ潜入してきたというのだ。少し興奮状態にある彼に話を聞くと、キャンプ内は酷く破壊されているという。特に中心部はもはや更地になっていて、どれだけの人が死んでいるのかわからないというのだ。早口で話した彼は、すぐに写真を届けなきゃと車に乗り、去っていった。

とにかく、中に入れる可能性はあるのだ。私は再びキャンプに侵入を試みた。木立の影に身を隠し、身を屈めて進む。イスラエル兵やイスラエル軍の車両がいないか確認しながら、なおも進む。徐々に、キャンプ内にある家々の壁が視界に迫ってくる。もうすぐだ、と思いはじめたとき、左手から突然叫び声がした。反射的に声のしたほうを見ると、イスラエル兵が二人、銃を構えて走ってくるのが見えた。もうここまで来たら入るぞ、そう決心して一気に走った。思いのほか長い距離に感じたが、おそらく三〇メートルくらいの距離だったのだろう。一気に林を駆け抜けて、キャンプに飛び込んだ。どこか隠れるところはないかと細い路地に入ると、一人の男が家の中から出てきて手招きしているのが見え、そこをめがけて一気に走り込んだ。

「ありがとうございます。助かりました」

呼吸を整えてからそう言うと、彼はにこやかに微笑みながら、

「いえいえ　当然のことです。ジェニンにようこそ」

と、まるで何事もないかのように言った。この大変な状況の中、ずっとキャンプにいたのだろうか。

「キャンプにずっといたのですか」

「はい。外に出られないのはきつかったですが、何とか暮らしていました」

見たところ、彼の家は全く被害にあっていないようだった。

「食事などはどうしていたんですか」

「備蓄していたもので賄いましたよ。近所同士で助け合って」

「キャンプの中心へは行きましたか」

「いいえ、行けません。でも、大変なことになっているようです」

息子だろうか、小学生くらいの男の子が外から帰ってきた。男はその子と少し話してから、私に言った。

「もう大丈夫ですよ。兵士たちは行ってしまいました」

男の子は、外の様子を偵察に行ってくれていたのだ。なんともありがたいことである。お茶を頂きしばらく休ませてもらってから、お礼を言い、外に出て歩き出した。

ジェニンキャンプには過去に何度か来たことがあるのだが、あまりいい印象は残っていない。若いジハードのメンバーや、他の組織の若者たちがそれぞれ力をつけて、キャンプ内で派閥争いのようなことが起こるようになったからだ。ここでは、人々の目が他のキャンプや町とは決定的に違っていた。私のようなよそ者を、とてつもなく猜疑心に溢れた目つきで凝視してくる人が少なからずいて、居心地の悪い思いをしたのだ。

彼らは占領という現実に直面し、家族や友人たちが殺され弄ばれるさまを見て、あるいは自らイスラエルに拘留され、その過酷さや不条理を身をもって知っている。真剣であり、命を賭けていた。私のような人間が彼らの家々の軒先を歩いていたら、スパイかもしれないとも思うだろう。彼らを非難することはできない。むしろ、私を含めジャーナリストは、自分たちの無遠慮さを恥じるべきなのだろうと思う。

しかし、あの時の若者たちはどれだけまだ生きのびているのだろうか。

細い路地の両側に、高い建物が続いている。どこのキャンプもそうだが、土地が狭いので、家族が増えたりすると家は上に増築せざるを得ないのだ。日当たりの悪い、生活排水がちょろちょろと流れる路地を歩いていくと、突然視界が開けた。目の前には広大な広場があった。いや、そこはまるで絨毯爆撃を受けた破壊の跡だった。私の記憶では、このあたり一帯には住宅が密集していたはずだ。私は、驚きのあまり小走りにその広場の中へと駈けだしていた。

パレスチナでこれほどの破壊を目にするとは思わなかった。過去にはソマリアやチェチェンなどで見てきているが、パレスチナではとても信じられない光景だ。というのも、今までパレスチナの紛争では、イスラエル軍や警察が武力で圧倒的優位に立っていたので、これほどの攻撃は必要なく、結果的に大規模な破壊も起きていなかったのだ。しかし、パレスチナの自治がはじまってから、パレスチナ側にもかなりの武器が入り込み（ほとんどが小火器だが）、イスラエル側にも被害が増えてきていたので、必然的に破壊も大きくなったということなのだろうか。

いたるところから白い煙が上がっているが、たくさんの人がいて、ただ立ち尽くしていたり、地面を掘り起こしていたり、荷物を運んだりしていた。パレスチナの赤三日月（パレスチナ版赤十字）の職員や、人道援助機関の人たちが、埋まっているかもしれない人の救出に乗り出していた。イスラエル軍の姿は完全に消えていた。作戦を終了してキャンプ外に出て行ったようだ。

まるで爆心地のようなその広場には、いつの間にか数え切れないほどの人たちが集まってきた。ジャーナリストもたくさんいた。私は、自分がかなり早い段階でキャンプに入ることに成功したと思っていたのだが、キャンプ周辺のあちこちから、多くのジャーナリストが入り込んでいたらしい。

ブルドーザーが何台も入ってきて、何カ所かで地面を掘り起こしている。瓦礫の上を歩いていると、あきらかに肉の腐った匂いが漂ってきた。それが人のものなのか、冷蔵庫に入っていた鶏肉なのか、あるいはペットの死骸なのかはわからないが、その場の情景と併せて、私の脳裏には死臭ただよう廃墟のヴィジョンが張り付いていた。それはいつかどこかで見たような、不思議な既視感を伴う記憶だった。

懸命に素手で地面を掘り起こしている若者がいた。そこに彼の家があったのだ。私の父親がまだ残っているんだ。そう言いながら必死で掘っている。近くでは、ブルドーザーがやはり掘り起こすのを手伝っているが、死体が残っているかもしれないので（いや、もしかしたらまだ生きているかもしれない）、最終的には人間の手で掘るしかないのだ。パレスチナの救急隊員も混じって作業が続く。しばらく見ていると、人間らしいものが出てきた。青年がそこに駆け寄り、掘り起こされるものを凝視している。しかし彼は途中で泣き出して、座り込んでしまった。衣服を見て、自分の父親だとわかったのだ。親族や友人が彼に駆け寄り支え、かろうじて立っている青年。掘り起こされた彼の父親は、すでに亡くなっていた。全身が土と埃で真っ白になっていたが、静かに埃が払われると、目を閉じた老人の姿があった。救急隊員が遺体を担架に乗せて運び出し、青年は遺体に取りすがるように歩いていった。

あちこちで同じような光景が繰り広げられていた。家族が無事だった人たちも、少しでも使えそうな家財道具が残っていないか掘り返していた。それにしても、ここでどういうことが起きたのか。これだけ破壊されているのだから、イスラエル軍もかなりの攻撃を仕掛けたのだろう。おそらく、立てこもったジハードの連中の抵抗も激しかったに違いない。

三月末頃までの荒れ模様の天気が嘘のようだ。特にこの日は暑く、湿度も高くてまるで真夏のようだった。どこにも逃げ場のない破壊の跡を歩いていると、疲労や渇きはもちろんだが、起きたことの重大さがわかってくるにつれて、精神的にかなり辛いものがある。おそらくその時その場にいた人たち全てが感じていたことだろう。私や、他のジャーナリストたちは傍観者に過ぎないのだが、家や財産、家族を失った人たちの思いが、想像を絶する悲嘆であることはわかる。そして、そういう人たちに私たちができることなど、何もないのだ。ただ、この場に来た以上は、起きた結果をしっかりと見て、パレスチナ人の歴史に思いを馳せ、そこから何かを創出していかなければならないのだろう。それは、いかにも困難なことではあるが、私の命がある限り、常に意識していかなければいけないことなのだろう。

破壊された跡地の外れに、かなり大きな家の残骸があり、その奥から一つの遺体が運び出されてきた。五体満足には残っていない、しかも激しく焼けただれたその遺体が出てきたとき、集まっていた人々が、妙に厳粛な雰囲気になったのがわかった。近くにいた若者に聞くと、それこそがジェニンキャンプのジハードの司令官だった青年の遺体だった。別の少年が、一枚のポスターを持ってきて見せてくれた。それには見覚えがあった。キャンプの中でたびたび目にしたポスターだ。立派な髭を生やした厳つい青年が、両手に銃を構えた写真で、片隅には彼の息子だろうか、子どもを抱きかかえた笑顔の写真も添えられていた。そして、背後にはこの手のポスターにお決まりの、エルサレムのアルアクサモスクと岩のドームの写真。聞くところによると、マフムード・タワルべという名のこの青年は、まだ二四歳だったという。年齢とは不相応に、非常に大人びた、落ち着いた表情をした、それでいて硬質な意志を感じさせる写真だった。

彼が何をしてきたのか、私は知らない。もちろん、イスラエル側の挙げている情報としてはいくつか知っているが、それはあまり意味のないことだ。地名と日時と数字だけでは、歴史上の出来事とたいして違いはない。ただ、彼がパレスチナ人の英雄であり、イスラエルにとってはテロリストであり、ヒットリストのトップクラスに存在していたということ。つまり彼は大物だったということ。それが大きな意味を持っている。彼のような人間は次から次へと生まれてくるだろうし、それが、占領が持続していることの反動なのだ。

もちろん、パレスチナ人に彼のようなやり方を好まない人も少なくない。それでも、彼が多くのパレスチナ人の意識を代弁し、実行していたのは確かだし、政治家や口だけのリーダーと違い、最後まで命を賭けて戦った。人々の意識の奥にいつまでも残る英雄であることは間違いない。

人々は、彼の生存を信じていたのだろうか、遺体が出てきたことで、その場の空気が一気に重苦しくなったのを感じた。その場にいた人々の雰囲気からは、キャンプが破壊されて、多くの人々が亡くなったこと以上の悲劇が起きたような、そんな気配を感じた。全てが終わったような、そんな絶望的な空気がその場に漂っていた。

私は、まだ建物の残っているキャンプ内の他の場所も歩いてみた。つい昨日まで続いていた激しい戦闘が嘘のように静まりかえり、空には美しい夕焼けが拡がり、鳥がさえずりながら飛んでいた。何事もなかったように一日が暮れようとしていた。

破壊され、多くの人が行き交う広場から細い通りを通って裏通りに出ると、一人でサッカーボールを蹴って遊んでいる少年がいた。私を見ると、ハローと挨拶して寄ってきたので、握手をして、話しかけてみた。

足下にポスターが一枚置かれていた。例のジハードの司令官のものだ。少年はそれを指さし、彼のことを知っているかと私に聞いた。ああ知っているよ。殉教者だ。そう答えると、彼の顔にサッと歓喜の色が浮かび、にっこりと笑った。

「そうだよ、殉教者だよ。とても素晴らしい人だった。ボクも将来は、彼みたいになりたいな」

少年は、胸を張ってそう言った。私は、彼の頭を撫で、肩を叩いて、言った。

「君ならそうなれるよ」

少年は大きく頷くと、またサッカーボールを蹴りはじめた。私は立ち上がり、彼に手を振ってその場を後にした。

ジェニンの陽は落ちて、夜が迫っていた。広場での作業はまだ続いているようだった。いつでもそうだったが、ここでも一つの戦争が終わり、それは徐々に忘れ去られていくのだろう。しかし、殉教者の記憶は、いつまでも残る。それは色褪せていくかもしれないけれど、色褪せることにより、逆に記憶は美化されていく。

ヨルダン川西岸各地を巡り、多くの破壊と人々の悲しみを間近に見てきた。長い年月の間にたびたび繰り返されてきたことであるが、今回の事態は少なくとも、イスラエルの占領がはじまってからは最大の破壊と殺戮であった。

こういう現場にいると、心が殺伐としてくる。そういうとき、私はいつもエルサレムのオリーブ山に戻っていく。こ数千年来多くの人々にひとときの憩いを与え続け、また目の前に拡がる聖地を一望にできるこの場所は、多くの人々に希望を与え続けてきたのだろう。それは現在でも同じだ。そこで過ごすひとときが、わずか一〇分ほどだったとしても、精神に安らぎと平安をもたらし、次の一歩を踏み出すことができるのだ。

オリーブ山を下って人々の喧噪と自動車の混沌の中へと分け入っていく。エルサレムの街は、年を追うごとに混乱の度合いを深めているように感じる。単純に人口の増加だけではなく、古い町であることからくるインフラの問題、またユダヤ人とアラブ人の土地を巡る争いは連綿と続き、イスラエル政府がシステマティックにアラブ人から土地を収奪している。それらの問題が複雑に錯綜し、そのことが道行く人たちの表情にも、どこか鬱屈した気配として現れてきている。

ユダヤ人の聖地である嘆きの壁は、一九六七年当時の素朴な聖地から、現在では一大観光地へと変容を遂げて、さらに開発が進んでいる。壁の前には広大な広場ができ、世界中からの観光客や巡礼者たちが集い、平和への祈りを捧げる。しかし、その場を作るために家や財産を失い、退去させられた人々のことは、人々は想像だにしない。記憶はイスラエルという巨大な影に蝕されて、私たちの目の前から消えていってしまったのだ。微かに見えていたはずの像が、陽光に幻惑されて目をこすった隙に、さっと隠れてしまったようであり、慌てて周囲を見回しても、もうその光景は二度と戻ってはこない。

再びオリーブ山へと戻る。そこから見下ろすと、様々なヴィジョンが目の前に表れては、過ぎ去っていく。町は、全ての記憶を共有しながら、さらに未来の記憶をも紡いでいるのだろう。展望台から身を乗り出すと、すぐ下に拡がる広大な墓地に気付く。それらの多くはユダヤ人たちのものであり、さらに下の方にはキリスト教徒の墓が拡がる。少し外れのほうには、ムスリムたちの共同墓地もある。そこに眠る幾多の死者たちの記憶が墓から立ち上り、生者のヴィジョンにシンクロしてくるかのように、私の視界には様々な光景が立ち現れては消えていく。

オリーブ山から少し下っていくと、有名なゲッセマネの園がある。預言者イエスが頻繁に訪れて、祈りを捧げていた場所だという。かつては一面がオリーブの林だったそうだが、現在でも塀に囲まれた敷地の中に、イエスが祈っていた当時のものとされる古い巨大なオリーブの木が残されている。その場にいたガイドに聞くと、樹齢二〇〇〇年以上で、イエスがいた当時のものだという。静かにその老オリーブの木々を眺めていると、オリーブの脇に立つイエスと、それに従う者たちや、足下に額づくマグダラのマリアらの姿が浮かび上がってきた。それは様々な書物やメディアからのイメージではあるが、実際にも似たようなことが起きていたのだろう。そう信じられる空気が、その場には漂っていた。

エルサレムとは、あらゆる意味で精神的な場所であり、数千年の昔から、平和への想いが結集した場所だ。しかし皮肉なことに、それ故に多大な血が流されてきたのがこの地である。現在では人々の祈りの世界を妨げるかのように、政治の駆け引きの材料とされている。

オリーブ山の夕暮れに心を休めると、紛争を超えた遙かな未来の光を感じることができる。それは、私だけの思い入れの世界ではなく、誰もが感じることのできる普遍的な感覚に違いない。

V

徐々に視界が開けていく。朝靄の中に立ち上ってくる情景。

一日中、どこかで銃声が響き、人が殺され、爆発音に怯える。誰と誰が戦っているのか、それさえもわからない。混沌と殺戮、憎悪と悲嘆に暮れる街。目の前には、地中海がかつてと変わらない穏やかな表情を見せていたが、それさえも何の助けにもならない。

悠長に海を眺める人はいない。海沿いでは、ときおり猛スピードで駆け抜けるジープが見られるくらいであり、海岸に面したビルの窓からは、髭面の気怠そうな表情の男が、それでも警戒を怠らない視線を、さっと外に投げかけている姿が見受けられるくらいだ。

街を俯瞰し、あるいは小さな通りにまで入り込んで眺めている私の視線。かつての、つい先日までの享楽の余韻が漂う街には、今では饐えた匂いが漂い、通りにはゴミの山が築かれて、それがときおり燃えてさまざまな匂いが入り交じった煙を上げている。

汚水がチョロチョロと流れる通りでは、野良犬や野良猫がじゃれ合い、それを無感動に見つめる若者たちや中年の男たちは、誰もが汗にまみれ、塵にまみれている。

小さな諍いが原因で起きた争いのはずだったが、いまではこの大都市を命がけのサバイバルゲームの舞台へと変えてしまった。いくつもの宗教や政治に基づいたグループができて、それぞれが対立し、泥沼の戦いの渦へと入っていったのだった。

母なる地パレスチナを解放するために戦っていたのではなかったのか。いや、そんな思いさえも、遙か彼方へと、忘却の霧のなかへと消え去っていき、今では理由はわからないが、生きるために、とにかく生き抜いてここから抜け出していくために戦っているのだった。

通りの一角に、ジハードがいた。一人でいるところを見ることが多かったが、このときは子どもたちと若い女性に囲まれていた。家族なのだろうか、それはわからない。でも、彼の幸せそうな、人間味のある表情を初めて見た気がする。彼は子どもたちの写真を撮っていた。カメラに向かう子どもたちの表情は明るく、相変わらず遠くないところから聞こえてくる銃声や、空の一角を占めている黒い煙などが、まるで別世界の出来事のようでもある。

これはつかの間の平穏だ。もちろん、誰にもわかっていることであり、わかっているからこその、人々の幸せな時間だったのだろう。

私の視線は高く飛翔していく。そうしていくと、遙か南の方から、何か不穏な動きが迫りつつあるのが見えた。それは、この街の内戦を終わらせるものなのかもしれない、あるいはさらなる殺戮をもたらすものかもしれない。でも、それがわかろうが、わかるまいが、何の関係があるのか。瀕死のベイルートにとっては、ナンセンスなことだった。今死ぬか、明日死ぬか、その程度の違いしかないのだから。

そんな気配を知ってか、私の網膜の裏に、子どもたちに囲まれながらも、フッと空を見上げて哀しげに光るジハードの表情が見えた。ほんの一瞬だったが、彼の視線は迫り来る哀しみと別れを、確かに捉えていたようだった。

二〇〇五年の夏。いつもの年のように暑い夏だった。連日の真夏日の中で、パレスチナとイスラエルの人々、世界中の目がガザにフォーカスしていた。そしていつものように、たくさんのジャーナリストが世界中から集まっていた。

イスラエルのガザの入植地からの撤去が決まり、まもなく入植者たちの退去もはじまるという、大きな出来事が起きようとしていた。一九六七年に占領されて以来、三八年ぶりにガザがパレスチナ人に返還される画期的な出来事であり、あらためて和平への機運が高まるのではとも期待されていた。

いつもならエルサレムからタクシーに乗り、エレツ検問所を通ってガザ地区内に入るのだが、この年は行き先が入植地ということもあり、交通手段がなかった。特にガザ地区にある入植地は、原則として入植者だけが入り込める場所であり、私のような人間が入るのは少々面倒なのだ。いろいろと検討した結果、友人のドイツ人フォトグラファーの車で行くことにした。

エルサレムを出て渓谷を下り、美しい緑の大地の中を走っていく。少しずつ標高が下がっていくにつれて、肌に触れる空気も暖かくなり湿り気を帯びてくる。やがて潮の匂いがかすかに漂ってきて、それに伴い周りの景色も地中海南部らしい雰囲気が増してくる。椰子の木の街路樹、半袖に半ズボンの人たちが目に見えて増えて、サーフボードを積んだ車も見かけるようになる。バスを待つ兵士たちは、暑そうに戦闘服のボタンを外しており、どこか気怠そうな雰囲気があたり一面に充満していた。この頃になると、車窓の右手にときおり青い海が見えてくるようになる。

海沿いの道を走るつかの間の時間では、自分がどこにいるかも忘れて、心地よい潮風を浴びながらの快適なドライブを楽しむことができるのだ。

車窓から風景を眺めていると、徐々に人家がなくなってきて、人の姿も見えなくなってきた。あたりは畑や荒れ地が目立つようになり、ときおりすれ違う車も、軍のジープが多くなってくる。ガザ地区が近づいてきているのだ。

ガザの手前で、いつもとは違うルートへと入っていく。まっすぐにガザ地区の北へとぶつかるのではなく、東側へと回り込むのだ。点在する農家と農場の中を進んでいくと、その一角に突然開けた部分があり、そこがガザへの入り口になっていた。検問所はイスラエル軍専用となっている。

エレツは、ジャーナリストや国連やNGO関係者、外交官などの出入りする場所であり、実質的にガザとイスラエルを繋ぐ唯一の入り口だが、ガザとイスラエルの間にはそれ以外にも、軍用や入植者用の入り口がいくつかあり、ここはそのうちの一つだった。

検問所の手前でしばらく待たされた。通常は軍の車両しか出入りしないところでもあり、手続き上の問題があるのかもしれない。他のジャーナリストたちもやはり待たされていて、大手メディアの連中は、忙しなくどこかと電話連絡などしていた。

兵士の合図があり、検問に並んだが、入るのはあっけないほど簡単だった。ガザ地区に入ってから辿る道は、軍と入植者専用である。パレスチナ側の道とは全然違う。ガザには数十回来ているが、初めて見る光景で、不思議な感覚だった。きれいに舗装されていて、スナイパー除けのフェンスが道の両側に連なっている。初めて通る道だが、これから通ることもない道でもある。

入植地は解体され、軍も撤退するのだ。撤退後は、入植地と軍関連の施設などは全て破壊していくという。それがイスラエル側のポリシーであり、自分たちの使ってきたものをパレスチナ人に使われたくないということなのだろう。

走りながら車窓を眺めていると、一見知らない光景だけれどもよく見ると知っている景色だと気付いた。つまり、いつもはパレスチナ人たちの側から、今自分が走っているところを見ていたのだ。妙な違和感があった。実際、視線の先にはパレスチナ人たちの車の流れがあり、彼らの家々が連なり、遠目に人の姿も見える。橋の上には、要所でイスラエル軍兵士が覗き穴から監視していて、こちらを狙っているかもしれないパレスチナ武装勢力を警戒していた。

ガザでは常に荒れた舗装道路と埃っぽい景色の中、ロバの引く荷車や、着古した服を着て歩く、疲れ切った人々を見ていたのが、今走っているのは、しっかり舗装されたハイウェイと、手入れされた木々が整然と並ぶ道路だ。すれ違う車は、軍のジープ以外は入植者たちの車だろうが、どれも日本で見かけるのと変わりない、綺麗な車ばかりである。

快適な道を通って着いたのは、こういう場所がガザにあるとは思えないほどのリゾート地だ。赤い屋根の大きな家が整然と並び、通りも広く、小さいながらもショッピングセンターやシナゴーグ（ユダヤ教礼拝堂）、学校やスポーツセンターなども整った、いわば一つの町になっている。

しかし今、町は騒然としていた。撤退に反対する入植者たちがデモをしており、入り口付近を固めている。その近くには撤退支援のイスラエル軍兵士、警察が来ていて、入植者たちの説得に当たっている。入植者はパレスチナの地を、ユダヤ人に神が授けた土地としており、ガザもその一部と考えている。だから、撤退は受け入れられないとの立場だ。軍のほうはといえば、政府の決定に従うのみであり、両者のにらみ合いは、多少の騒乱を生み出すことになるのだろう。

ジャーナリストたちは、その騒ぎを撮影している。例によって世界中のテレビが駆けつけており、マイク片手のレポーターがあちらこちらに立っていた。

入植者の若者たちと話すと、多くは撤退に反対だった。政府の決めたことだからしょうがないとあきらめ顔の若者がいるかと思えば、徹底的に抵抗するよ、と話す若者もいた。こういう状況を見ていると、複雑な気持ちになる。ガザはパレスチナ人に返されてしかるべきだが、政府の政策に従って入植して、三〇年以上も暮らしてきたユダヤ人の思いも理解できるからだ。この地ではいつも、あるかないか、イエスかノーか。正しいか悪いかという両極端な選択を強いられることが多いのは確かだが、もう少し柔軟な対応が成り立つ余地はないものだろうか。騒然とした現場から離れて見物しながら、そんなことを考えていた。

入植地のすぐ向いに、パレスチナの難民キャンプや街がある。それは、近いところでは数百メートルしか離れていないのだ。今までパレスチナ人の側からだけ見ていたガザ地区を、ユダヤ人の側から見るのは何か奇妙な感じがする。本来パレスナナ人たちが暮らしていた場所で、そのパレスチナ人が不在の中で、ユダヤ人たちが好き勝手に振る舞い、そして今彼ら同士で争っている。パレスチナ人から見たら、この状態をどう思うのだろうか。この狭い地域の中で、まったく言語や宗教、価値観、生活スタイルなどの違う人たちが暮らし、しかも双方の交流が完全に遮断されていたとは。そんなことが可能であったとは。今さらながら信じられない。信じられないことが現実に起きているのがまた、パレスチナとイスラエルの紛争の歴史そのものでもあるのだが。

入植者専用の道を通り、海岸沿いに出てみる。そこは少し高台になっていて、そこからすぐ近くのパレスチナの町が見えた。家々が密集し、屋根には雨水を集めるためのタンクが林立する、馴染みのある懐かしい風景が、すぐ近くに見えている。望遠レンズがあれば、知った顔も見えるかもしれないなどと思ったりもするが、もし向こうから私を見たらどう思うのだろうか、そう考えると多少怖くもある。ユダヤ人の側にいることを見られたら、どう思われるのだろう。

手が届きそうなほど近いのに、そこに行くには物理的な障害が多すぎて、溜息が出るほどだ。実際に向こう側に行くには、通ってきた道を戻ってガザを出て、さらにエレツに行って検問所から入り直さなければならない。丸一日かかる仕事だ。自然は何の障壁もなく繋がっているのに、同じ空気が流れ、同じ波の音を聞いているのに、人間にとってこちらとあちらとは別世界なのだ。

砂浜に沿って歩くと、何人かの人が海を眺めているのに会った。最初に会った青年は、入植地に多い宗教的なユダヤ人という感じではなくて、少しカールする長髪をなびかせた、ごく普通の若者だった。彼はサーフボードに寄り添っていた。

「こんにちは。サーフィンですか、波がよさそうですね」

実際、ガザの海は結構波が立っていて、サーフィンによさそうだなあと思ったことがある。パレスチナ人たちでサーフボードを抱えた人に会った記憶はない。

「ああ、ガザの波は最高です。ここから出て行かなければならないのが、残念です」

青年はそう言うと、静かに海を見つめ続けた。彼にパレスチナの人たちのことをどう思うのか聞いてみたい、そういう思いに駆られたが、喉まで出かかった言葉を呑み込んだ。彼らに聞いても無駄だと思ったのだ。なぜそう思ったのかよくわからない。でもこの人たちの頭の中には、パレスチナ人やその暮らし云々という発想自体がないのではないか、そう思ったからだ。それは、私が長年この地に来ている中で、いつの間にか思い込んでいる固定概念かもしれないし、実際にそうなのかもしれないし、本当のところははっきりしない。砂に足を取られながら歩きしばらくして振り返ると、先ほどの青年が、サーフボードを抱えて、波に向かって進んでいくところだった。

こちらに向かって歩いてくる、若い夫婦に会った。手を取り合って、砂浜を散策していた。とても仲のよさそうなカップルで、にこやかに見つめ合いながらゆっくりと歩いていた。通りすがりに挨拶し、ガザからの撤退に関して聞いてみると、

「とても悲しいことです。子どもの頃からここで暮らしてきましたし。でも、政府が決めたんですから仕方ないですね」

そう言う二人の顔に、夕日が降り注いでいる。もうそんな時間なんだと思い水平線に目をやると、いつもと同じ神がかり的に美しい光のコントラストか、ゆらゆらと海の向こうに拡がっていた。今この光景を、ガザのあちら側でも見ているのだろうか。

ふとサーフィンの青年の方を見ると、今まさに波に乗っているところだった。サーフボードを器用に操り、滑るように波の上を移動していた。その姿は、濃い琥珀色に覆われた視界の中で、まるで一枚の絵のように見え、その情景は私の脳裏にいつまでも焼き付いて離れなかった。

翌日の午後、入植地の共同墓地に行った。夕暮れが迫る海に近い墓地。少し強めの潮風が吹き、細かい砂が飛び交い、誰もが目をこすりながら集っていた。この墓地に眠る人たちの家族が集

まり、追悼の儀式をするのだ。そして、後日それぞれの遺体を運んでいくことになるという。集まった入植者たちは、一様に泣きはらしている。ユダヤ教のラビ（導師）の主導で祈りを捧げ、この地を去っていくことを亡くなった人たちに詫びているのだという。

普段であれば、ジャーナリストの撮影を極端に嫌う人たちだが、今日は私たちの存在など気にしている場合ではないのか、あるいは親族の墓を守れなかった悲しみやこれからの生活への不安なのか、まったく撮影を意識していないように感じた。それどころか、イスラエル政府への抵抗、犠牲者としての自分たちを宣伝して欲しいとの思いから、積極的に取材を受け入れているようでさえあった。

それぞれの墓に蝋燭を灯し、花を飾り、祈る。それを見ながら、この人たちも結局は大きな流れに翻弄され、操られてきた被害者なのだと思う。政治や宗教にいいように利用され、住んでいた土地を完全に捨ててガザに来て、ようやく根付いた頃に、また全てを失うのだから。

立場は全く違うが、ここからわずか数キロ先で、密集した難民キャンプに暮らすパレスチナの人々と、根底では通じ合えるはずの人たちなのだ。しかし、二つのコミュニティーを隔てる壁は、高い。それぞれの悲しみは、交わることもない。

日が落ちて、少し肌寒くなってきた共同墓地での光景は、様々に翻弄され続ける人々の悲しみや苦しみが、私のようなよそ者にも少しだけだけれど、感じられた一瞬だった。

人々の悲しみの中で、闇があたりに流れ込み、視界がたちまち暗くなっていき、そしていつしか目の前から消え去っていった。

入植地での騒ぎがクライマックスになる頃には、私は近くて遠い反対側へと旅立っていた。パレスチナ人の側へと入ったのだ。ひとつには、入植地の状況があまりにも混乱していたということもある。私のように、自前の交通手段を持たない人間にとっては、たとえば一つの入植地から別の入植地へといった移動にも難儀し、撮影とは別の部分で気を遣いすぎた。また、テレビの報道を見ている限り、なぜかパレスチナ側の報道がほとんどなかったので、どうなっているのか気になっていたということもある。

最後まで入植地に残るべきか、パレスチナ側へ行くべきか悩んだ。撮影は続けながらも丸一日悩み、結局はパレスチナへ行くことを選んだのだ。

いつものようにエレツ検問所から入ると、ガザは異様なほど静かだった。ジャーナリストはみな入植地にいて、こちら側にはほぼ誰もいない状況だった。検問所の回廊を延々と歩きパレスチナ側のチェックポイントに着くと、いつものようにアハマドが迎えに来ていた。パレスチナ警官の詰め所周辺も静かで、まるで全てが眠りこけているかのようだった。

「アハマド、こちらにはジャーナリストは来ていないのか」

「全然来ていないよ。みんな入植地に行っているからね」

「こちらでは何か動きはないのかい。ユダヤ人が出て行くからみんな喜んでいるんじゃゃないのかい」

「まあそうだけど、でもこれで占領が終わるわけではないしね」

何か嬉しいことがあると、感情豊かに表現することが多いアハマドだったが、今回の件に関しては、こちらが拍子抜けするほど冷静だった。ガザ市への道中、車窓から眺める町の様子も落ち着いていて、人々の生活はいつもと同じように見えた。夏の光が容赦なく降り注ぐガザは、建物も車も、人々の肌や衣服さえもが色褪せている。それがまた、かつて避難民としてこの地にやってきた人々の苦難の歴史を感じさせ、今まさにこの土地を占領している人々が出て行き、入植地がなくなるという出来事さえも、何気ない日常の雑事の中へと埋没していってしまうのだ。入植地がなくなるのは、よいことであるには違いないのだろう。それでもただ無邪気に喜んでいられないのは、現在のガザの厳しい経済状況やパレスチナの人々の様々な権利や、難民といった問題が解決の気配さえも見せないからでもあるのだろう。

ガザ市内から南下して一時間弱。ハンユニス難民キャンプへと着いた。先日私が入植地側から見ていたのは、まさにこのキャンプだった。ここは入植地が近いことから、幾度も大きな衝突の現場になってきた。それだけ人々への被害も大きかったところだ。だからこそ、入植地の撤退を受けて何が起きているのか、人々はどう考えているのかを知るのに、最適な場所だともいえる。

入植地に面したところは、今では何もない広場のようになっているが、かつては家が密集していた。相次ぐ衝突の結果イスラエル軍が侵攻してきて、建物を潰し、更地にしてしまったのだ。ほんの数年前の出来事であるが、この色褪せた大地に改めて立つと、遠く昔の出来事だったような気がする。広場に面した建物には、今でも生々しい弾痕が残されている。そして壁にはイスラエル軍との戦闘で命を落とした人々のポスター。いつもの光景。圧倒的な悲劇でありながら、繰り返し起きることによってそれさえもが日常になり、人々は慣れていく。

入植地を見下ろす広場に腰を下ろしている老人たちを見ていると、かつてあれほど熱望していた故郷への帰還や、命を賭けていたはずの革命、勝利への情熱も醒め、全てが白日夢のように淡い、すり切れた記憶へと変容し、その記憶だけが彼らをかろうじて生かしているように感じる。それでも、人々の思いは受け継がれていくものだ。今では子どもたちが夢を引き継いでいる。その子どもや若者の姿を見て、老人たちもかつての熱き熱情の日々を記憶の奥に探っているのだろう。

広場からは、入植地の様子がよく見えた。多くのパレスチナ人たちが集まり、そこで起きていることを静かに見つめている。私とアハマドも群衆に加わって、入植地の様子を見ていた。荷物をまとめて出て行く入植者たちの姿が見える。まだそれほど大がかりな移動ではないが、彼らがこの地を去っていく様子が見える。三八年間そこにあり続けたものが消えていく。多くのパレスチナ人にとっては、まだ信じられないという思いもあるだろうし、ほんとうに目の前から消えるまでは信じないぞという疑念もあるだろう。何人かは、パレスチナの旗や、ファタハやハマースの旗を掲げていたが、いつものようにスローガンを叫んだり、石を投げたりはしていない。誰もが静かに立ち尽くしていた。

人々の不安と期待に揺れ動く視線。それはパレスチナの六〇年近い苦難の歴史の中の、大きな転換点ともいえる出来事だったと思う。私自身にとっても、それは感慨深い瞬間だった。常日頃感情を大げさに表現するパレスチナ人たちが、静かにただ見つめていたこのときの静寂を、私は今でもはっきりと体感することができる。

テレビでは、延々と入植地の騒ぎを放映していた。ガザ地区の多くの家庭で、レストランで、ホテルで、人々は目と鼻の先の入植地のイベントを見つめていた。多くの入植者たちが静かに荷物をまとめて去っていった一方、一部の強硬な入植者たちは軍隊や警察を相手に徹底抗戦していた。とはいえ、それは銃によるものではなく、投石や放水、バリケードや座り込みといった方法によってである。かつてイスラエルがシナイ半島から撤退したときにも、これと似たような光景が繰り広げられていたことを思い出した。一度手にした土地を絶対に手放さないというポリシーをもつイスラエルにとっては、シナイ半島にしても、今回のガザにしても、そこを放棄することは敗北を意味するのだろう。入植者たちを排除する兵士や警官たちの多くが、入植者と同じように涙を流していた。

テレビを前にパレスチナの人々は、それを静かに、きわめて冷静に見つめていた。目の前で起きていることを、どう理解していいのか、まだ多くのパレスチナ人には状況が読めていないのだろう。もちろん、それは誰にもわからないことでもある。素直に喜んでいいのかもわからないのだ。ユダヤ人たちがいなくなったあと、その土地がどうなるのか、それさえもわからないのだから。占領がどうなるのか、将来の生活がどう変わっていくのか、ガザの人々には、わからないことだらけだった。

通りには、ラウドスピーカーでがなり立てるハマースやイスラミック・ジハードの車が時折やってきて、すぐに通り過ぎていく。アハマドに聞くと、ハマースやジハードは、今回の入植地撤退は、パレスチナ抵抗運動の勝利だと喧伝しているらしい。

「アハマド、それをみんな信じているのか」

「さあね」

アハマドは素っ気なく答えると、テレビ画面の向こうの混乱にすぐに視線を戻した。入植者と兵士たちの衝突の場面が延々と流されている。それを見ているパレスチナ人たちの中には、笑いながら見ている者もいるが、ほとんどは静かだった。一通りテレビを見終わってから、アハマドは言った。

「なあ、ハマースもファタハも、そういうのは俺たちはもう信用していないんだよ」

「どうして、彼らはパレスチナのために戦っているんだろう?」

「戦っていたかもしれない。でも今彼らは何もできないんだ。時々子どもだましのロケットなんか撃っても、イスラエルには痛くもかゆくもないけど、そのせいでたくさんのパレスチナ人が殺されているだろ。そんなことよりも、俺たちの日々の生活をなんとかして欲しいんだよ。食料、電気、仕事もない。この状況を変えて欲しいんだよ」

アハマドは、かなり怒っていた。彼曰く、ハマースやファタハはお金を持っている。それを自分たちの蓄財に使って、多くのパレスチナ人が置き去りにされているというのだ。また、ハマースは、時々ロケットを撃っていたが、それさえも無意味な攻撃だと。

パレスチナ人自身がこのように考えているというのは、私にとっては新鮮だった。もっとも、現在では、多くの人々がインターネットなどで自由に情報を得ることができるのだ。一九六〇年代や七〇年代とは、まったく時代が違う。多くのパレスチナ人は、武力では勝ち目がないことがわかっているのだ。

アハマドの車で、ガザ南部のラファに暮らす友人アブーマフムードに会いに行った。アラファートが亡くなったときにも彼の家にいた。度々世話になっている友人だ。今回のことを彼はどう考えているのか知りたかったし、彼の最近の暮らしぶりも気になった。

ラファの町は、相変わらず真夏の熱気の下で、全てが眠り込んだように静かな時間が過ぎている、そんな感じだった。そんな中で、アブーマフムードも家で昼寝をしている最中だった。突然訪ねたこともあり、彼は眠そうな顔をして出てきたが、元気そうだった。この酷暑の中で、冷房もない家の中はさぞや暑いだろうと思っていたが、厚いコンクリートに包まれた住居は、意外に涼しかった。

彼には六人の子どもがいたが、数年前に初めて会った頃と比べると、みんな見違えるように大きくなっていた。末っ子のムハンマドは、ほんの赤ちゃんの頃に見たのが最初だが、今では平均以上に大きくなり、近所の子どもたちと元気いっぱいに走り回っていた。上の娘は、まだ中学生になりたてだったのが、今では高校生になり、人前に出るときに頭にスカーフを巻いてくるようになった。相変わらず母親を手伝ったり、下の弟の世話などで忙しそうだ。長男と次男の男二人は、やはり高校生だが、この世代の男にありがちな、やんちゃで少し粗暴なところのある、男らしい青年になりつつあった。

彼のところには、欧米の援助団体もよく来るらしく、ほとんど何もないリビングの一角に真新しい冷蔵庫が置かれていた。援助団体のプレゼントだという。

「いいものをもらったね。どこに置くんだい」

「置く場所の前に、家をなんとかしたいよ。どうしたものかな」

そう言いながらも、彼は嬉しそうだ。しばらくお茶を飲みながら四方山話をして、それから今回の入植地の撤退のことを切り出した。イスラエル軍に家を破壊されている彼には、やはりこの話は聞いてみたかった。

「それはいいことだよ。入植地がなくなる。イスラエル軍がガザから出て行く。すばらしいじゃないか」

それだけ言うと、彼は何か考え込んだまま語ろうとせずに煙草を燻らせている。単純によかった、というだけでは割り切れない、複雑な思いが彼の中にあることは容易に想像がつく。

「出て行くのは、いいことだよ。だけど、俺たちの生活はこれからどうなる」

そのとおりだ。彼らの暮らしはこれからどうなるのだろう。入植地から出て行くとはいえ、結局、イスラエルが海、空、国境を支配するのだから、実質的には今までとあまり変わらないし、何かあれば、いつでも戻ってくることが可能だ。出て行くことで、イスラエル自身の厳しい経済状況も救えるし（イスラエルはガザの入植者への様々な支援、補助金、そこに軍を貼り付けておく経費など、毎年膨大な出費を強いられていた）、相変わらずガザを支配できるのだ。頭のいいやり方ではある。一方のパレスチナ側は、相変わらずファタハとハマースの主導権争いがあり、今回のような力の空白に乗じて、パレスチナ人同士の内戦が起こるのではと恐れる意見もあった。

彼はアハマドとなにやら話し込んでいた。私はその間、いろいろと考えていた。とりとめもなく、様々なことを。

「なあ、俺の家がイスラエル軍に破壊されたのは知っているだろう。あれだって、我々の側の武装組織の攻撃が問題だったんだよ」

彼は、自分の家が破壊されたときのことを話しているのだ。彼の家のすぐ近くにイスラエル軍の監視塔があり、武装勢力がそこを攻撃するのに彼の家や近所の人たちの家を利用したというのだ。彼は何度も武装した連中に、家に来ないでくれと頼んだという。しかしその願いは聞き入れられず、度重なる武装勢力のイスラエル軍に対する攻撃の末、ついに家が破壊されてしまったという。もともと彼の家があったエリアは、すぐ南側がエジプト国境だった。センシティブな場所ではあったのだろうが、彼には余計なことをされて家を破壊され、生活を、人生を破壊されたという思いがある。

「その武装勢力は、ハマースかそれともイスラミック・ジハードか、あるいはファタハ、どこの組織だったの」

「それはわからない。わからないよ。でも、どこの組織であっても同じようなものさ」

彼は大声で、そう言った。おそらく彼はどの組織が責任を負っているか、知っているのだろう。しかし、それを言うことは、命取りにもなる。誰がやったというよりも、そういうことを許しているパレスチナの政治、指導者たちへの怒りだと私は受け止めた。

「アハマド、君はどう思うんだい」

「ハマースもジハードも駄目だよ。もちろんファタハも問題がある。今のままでは内戦になるよ。イスラエルは大喜びだよ、そうなれば」

聞いていると、ますます入植地の撤退を喜べない状況がわかってきた。また、ハマースやジハードが必死になって自分たちの力を誇示する理由も見えてきた気がする。ラファの一日の中で、やりきれない思いが募るばかりだった。この先、ガザにはどんな未来が待ち受けているのだろうか。仮住まいの家の前にイスを持ち出して空を見つめながら煙草を吸うアブーマフムードの姿が、とても寂しげで悲しそうに見えた。

入植地の撤退がほぼ終わった頃だった。ガザの砂浜で、ジハードが大規模なデモを敢行した。いつも家族連れで賑わいを見せている砂浜が、その日は戦闘服に身を包み、黒いマスクを被った完全武装の民兵たちで溢れかえっていた。ジハードメンバーの家族たちも集まっていて、まるで戦勝記念のパレードのような様相を呈していた。ラウドスピーカーからは、ジハードの軍歌が大音響で流れ、またジハードの指導者らの演説が続いている。

子どもや女性たちは、イスラエル軍との戦闘で死んだ殉教者の写真や、ジハード指導者らのポスターを持ち寄り、砂浜に座り込んでいる。

イスラミック・ジハードというのは小さな組織だという認識だったが、この大集会を見る限り、かなりの規模の戦闘員を有しており、また支持者も少なくはないというのがわかる。通常は、これだけの人数で人前に出てくることはないのだが、入植地とイスラエル軍の撤退を受けて、力を誇示する絶好の機会だったのだろう。見晴らしのいい砂浜でもあり、もし攻撃されたらひとたまりもないのだが、攻撃されないという確信があって出てきたのかもしれない。

砂浜での行進を経て、次は漁船をチャーターして近海を洋上デモで周遊。これには、多くの女性や子どもたちも加わり、あちらこちらから歓声があがっていた。

この大集会は、夕方には散会した。デモを海でやるところがまたいかにもガザらしくて、私はその物々しさのわりに、のどかさを感じてしまった。ジハードが武器を多数保持しているとはいえ、多くはハンドメイドであり、仮にイスラエル軍と衝突したとしたら、どれだけの効果があるのか疑問ではある。というよりも、まともには戦えないというのが、正直なところだろう。

その場にいた顔見知りのパレスチナ人ジャーナリストによると、ガザは周囲をイスラエル軍に封鎖されているので、エジプトとの間に地下トンネルを掘って、本物の武器を搬入し、それを元にコピー製品を造っているのだという。見たところかなりよくできているようだったが、やはり精度や威力は劣るらしい。こういうデモは、対外的な力の誇示以上に、ガザ住民に対して力を見せつけるという意味合いが大きいのだと彼は言っていた。

しかし、争うように漁船に乗り込み、短時間であるけれどクルーズを楽しんでいる人々を見ていると、結局は住民サービスのお祭りであり、娯楽の少ない人々のガス抜き的な意味合いが大きいのかなと思う。舟に乗り込み無邪気にはしゃいでいる女性たちや子どもたちの姿からは、ガザの素朴な現実が見て取れるし、ジハードが誇示する武器が使われずにすむのなら、それが一番なのだと改めて思った。

砂浜での騒ぎが終わりに近づき、人々は静かに引き上げていった。いまだ熱気が立ちこめる中で、一様に疲れ切った表情で、砂に足を取られながら歩いている。空を見上げると、いつもと同じように美しい夕日が沈もうとしていた。いろいろなことが変化していき、ひとつとして同じことなどない。しかし、この空や夕日は、いつでも同じように存在している。この自然の美しさや普遍性こそが、信じられる唯一のことであると、どれだけの人が意識しているのだろうか。

しばらくの間、ガザでは各組織が戦勝記念の集会をやっていたが、それもすぐに落ち着き、不確実な社会情勢の中に取り残された人々の変わらぬ生活がはじまった。そして、人々にはさらに過酷な運命が訪れることになる。いつ果てるともしれぬ、ほとんど果てがないとさえ思えるパレスチナの宿命は、もはや神の下した何らかの天罰なのかと思わざるを得ないほどだ。そうとでも考えなければ、あまりにも不条理ではないか。私はそんな気がしている。

VI

長い間私の脳裏に浮かんでくる情景。いつでも、かすかに靄がかかったような中からわき上がってくるそれは、悲しみを帯びて、救いようのない悲劇性に包まれた映像だ。そして、いつまでも救いのないその世界は、単なるイメージを超えて、現実の世界を反映している。

廃墟と化した大きな街。私の視線は、街を取り巻く丘の上からそれを見つめていた。おそらく百万人単位の人が暮らすであろう街の各所から、白や黒の煙が立ち上り、遠目に見える建物の壁には、無数の弾痕が残されている。いたるところから聞こえる銃声、ときおり響く砲声。空からは戦闘機が飛んでいることを示す爆音が、周期的に聞こえている。今また、どこかに爆弾が着弾したようだ。かすかに地面が揺れるのを感じる。

街を見下ろす高台には、たくさんの戦車や迫撃砲が据え付けられ、その無数の砲身が全て街へ向けられていた。

恐ろしい光景だ。街には、まだたくさんの人たちが住んでいる。こんなことがあり得るのだろうか。目を疑う光景。その映像は世界へと伝えられているのだが、誰もこれを止めることはできなかった。いや、おそらく止める気もなかったのだろう。世界が注視するなかで、この都市は死へと追い込まれていた。中東のパリと謳われた美しい街並みが、今では死の象徴として、世界中にその映像が届けられていた。

ベイルートの街の中へと私の視線は入っていく。死と硝煙の臭いが充満する通りへと降り立つと、信じられないほどたくさんの民兵たちが、必死で抵抗していた。廃墟の通りを行き交い、おそらく遠からず待ち受けているのは、死か、さもなくば降伏であるのは間違いないのに、彼らの表情は明るかった。それは、勇気づけられるものであり、また絶望的なまでに哀しい情景でもある。

死を前にして、生は美しく燃えさかるというが、彼らの放つ妖気にも近い美しさは、まさにそれだった。通りに立っていると、数分おきに地響きが起こり、空からは立て続けに轟音が響く。ときおり通りに隠されるようにして配備されている高射砲が、耳をつんざくばかりの音を立てて火を噴いているが、もちろんこれに何らかの効果があるとは、彼らも信じてはいないだろう。

しかしそれは、彼らの生の迸りであり、圧倒的な敵に対する生の証なのかもしれない。機関砲の射撃音とそれに続く反響の音が、煙で黒くなった空に響き渡る。それは、まるで弔砲のように街の隅々にまで響き渡り、さらに山や海を越えていく。

廃墟の大通りに集うゲリラ兵士たちの中に、見覚えのある顔がいた。ジハードだ。相変わらず首からカメラを提げているが、右手にしっかりと握られているのは、自動小銃だ。久しぶりに会った友人なのだろうか、何人かの兵士たちと挨拶を交わしている。その顔には疲労の色が濃いけれど、目は生き生きとした光を放っていた。

ジハードは、私の中に焼き付いたパレスチナのイメージを体現する人間だ。彼はもしかしたら、実在していないのかもしれない。いや、逆に無数のジハードがかつてこの地上で生を謳歌し、今もパレスチナのいたるところで生きているのかもしれない。でもそんなことは重要ではない。彼の存在こそが、私をパレスチナへと結びつけているのだ。

混乱する街を抜けて、いつの間にか視線は海の上からこの街を捉えている。遠くから見ると、破壊の限りを尽くされたように見えるこの街も、まだまだ美しかった。しかし、その命の灯は燃え尽きようとしているように見えた。それを回避するには、どうしたらいいのだろうか。遠からずその運命の時は迫っているのだった。その時に向かって、誰もが最後の戦いを挑んでいたのだ。無謀だけれど、美しい最期を飾るために。殉教者として、人々の記憶の中に生き続けるために。

パレスチナでは、ハマースの影響力が増大し続けていた。一九八七年の第一次インティファーダを機に結成されたといわれている組織だが、ガザだけではなくヨルダン川西岸地区でも着実に勢力を拡大し、九〇年代後半以降はパレスチナ社会の深部にまで浸透していた。

ハマースはテロや強制によるものではなく、パレスチナ自治政府（とそれを牛耳るPLOなどの旧態依然とした組織）が機能不全に陥る中、住民への社会福祉、教育、医療の実践で、人々の信頼を勝ち得てきたのだった。二〇〇四年の地方議会選挙で大勝し、二〇〇六年の自治政府議会選挙で過半数を獲得、ハマースの指導者イスマイール・ハニーヤが首相となった。これはパレスチナ人の民意を反映したものだったが、イスラエルや欧米はこの結果を好ましく思わず、和平交渉はさらに停滞、イスラエルはガザに対する経済封鎖を強化した。

このような経緯があり、パレスチナの人々の暮らしはますます困難さを増し、和平の可能性もより遠のいていった。それは実現の可能性を誰も信じることができない、ほとんどファンタジーともいえるものになった。人々の平和への願いが強まるほどに、国際政治という障壁が立ちはだかり、人々の夢を認めないという構図。パレスチナの和平を真剣に考えていると言いながら、人々の望みを全て葬り去る米国を中心とした国際社会。もはやどんな形の和平が可能なのだろうか。

パレスチナの人々は、父祖代々暮らしてきた土地への帰還の権利を認められている。それは国連決議としても出されている。国連は、数多くのパレスチナ人の権利を認める決議を発効しているが、何ひとつ実現していないし、これからも実現しないだろう。また、イスラエルの数々の国際法違反や国連決議違反、ジュネーブ協定違反などは数限りないが、誰もそれに対する実効性のある処罰を実行するものはない。パレスチナの人々の夢は年々小さくなり、全パレスチナを解放するというものから、ヨルダン川西岸地区とガザ地区でいい、というところで多くのパレスチナ人が妥協を強いられている。さらに、独立国家としての実効性をさえ認められず、イスラエルに従属する準国家のような形が事実上容認されている。さらには、占領地に点在するユダヤ人入植地も認めよ、エルサレムは諦めよ云々。

不条理の極みであり、それを認めることは、建前はともかくとして、不可能だとしか思えないのだ。

ハマースとイスラミック・ジハードに代表されるイスラーム勢力の伸張は、明らかに様々な軋轢を生み出していた。それは、内戦への危険を大いに孕みながら、徐々に大きくなっていったといえるだろう。

そんな中でも私が直接経験したもののひとつに、デモをしていたジハードメンバーに対してパレスチナ自治政府の警官が発砲し、ジハードのメンバー一人が殺されるという事件があった。その時に偶然ガザにいた私は、それに伴う騒ぎの一部始終を見ることになった。

事件の翌日、遺体が安置されているガザのシファ病院へ行くと、予想外に多くの人々が詰めかけていた。人混みをかき分けて霊安室へ入ると、そこには殺された若者の遺体が安置され、それを囲むように覆面をしたジハードの民兵が三人、銃を構えて立っていた。これを見た瞬間、嫌な予感がこみ上げてきた。明らかに普通の状況ではない。通常なら、たとえ武装組織のメンバーの遺体であっても、霊安室に武装した仲間が来ていることはない。というより、こういう場面を見たのはこのときが初めてだった。仲間が自治政府の警官に殺されたことは、それまでの自治政府とジハードとの危うい関係に油を注ぐようなものだった。そういう前提条件があったうえでのこのときの葬儀である。民兵たちは、自治政府に対して憎しみを抱いており、復讐行為に出るかもしれない。静かな霊安室の中で、私の心臓はドクドクと音を立てて脈打っていた。

遺体の頭の位置に立つ民兵の、その怒りで燃え上がる目の光が、覆面越しにはっきりと見て取れた。全身から怒りの炎が燃え上がっているようでもあり、銃身を握りしめる手、その腕には渾身の力が込められていた。

やがて、墓地へと向かうために、人々は外へと出て行った。遺体を担架に乗せて運び、その周りを武装民兵が固める。彼らは霊安室を出た瞬間に、「アッラーフアクバル！」と叫びながら、空へ銃を撃ちはじめた。いつの間にか、武装民兵の数も増えている。ざっと見ただけでも、一〇人は下らない。墓地までは数キロあるのだが、病院を出たところで葬列はかなりの人数になった。一〇〇〇人以上はいたのではないだろうか。その中には、数十人のジャーナリストも混ざっている。

町の中を抜けている間も、彼らは断続的に射撃を繰り返し、シュプレヒコールを上げている。汗まみれになりながら、意外に速い葬列に遅れまいと歩いていると、知人のガザのジャーナリスト、アズミに会った。挨拶もそこそこに、彼は言った。

「葬列は、いつもと違うルートを通るらしい。その先の角を曲がって、警察署の前に出ると言っている。これはやばいぜ。気をつけろ。くれぐれも無理しないようにな」

彼はそれだけ言うと、手を振りながら近くに止めてあった車へと駆け寄って、運転席に乗り込むとどこかへ行ってしまった。

私は、他の数人のジャーナリストと共に、列のほぼ先頭を歩いていた。ジハードの民兵と並ぶような形で。彼らは、確かに通りを曲がっていく。前方には警察署が見えた。まさかこれから衝突が起きるなんて、葬儀の列だししいくらなんでもそれはないだろう、などと思いながら歩いていたそのときだった。

「アッラーフアクバル！」

横を歩いていた民兵が突然叫びながら走り出し自動小銃に弾を装填して撃ちはじめたのだ。民兵四人が先行して走り、最初は空に向けて撃っていたが、警察署が近づいてくると水平撃ちをはじめた。これは本当に危ない。警察署の中からは、警官たちが飛び出してきて、撃ち返しはじめた。

それからは、大混乱である。通行人たちは逃げ惑い、私たちは地面に伏せた。頭の上では、四方八方から銃弾が飛んでいる音がする。そっと顔を上げて周囲を見回すと、バタバタと人が倒れているのが見えた。

どうしてこんなことになっているんだ。なんとか移動したかったが、銃弾の雨の中を動くのは無理だ。すぐ近くで、他のジャーナリストたちもやはり伏せている。

警察官のほうが人数は多いのだが、ジハードの民兵は死をも恐れずに突撃している、あきらかに気迫が違った。警察は、腰が引けているのが見え見えで、適当に反撃すると、多くが署内に逃げ込んでいった。地面に伏せたまま様子を見ていると、銃撃は四方八方から行われていて、銃撃戦に逃げ惑っていた周囲の人々もいなくなり、通りに面した店はいつのまにかシャッターを下ろしていた。門を閉め、おそらく中で息を潜めているのだろう。遠くで倒れている若者たちが何人かいるが、どうやら脚を撃たれているようで、命には別状はないようだ。いつもならすぐに駆けつける救急車も、なぜか見あたらない。

ようやく立ち上がれる頃には、どれだけ時間が経っていただろうか。銃撃が止んだのを確かめると、私は飛び起きて近くの建物の陰に移動した。そこにはジャーナリストだけでなく、多くの住民が集まっていた。私は疲労と緊張感から、砂地の地面に座り込み、しばらくは何もする気も起きなかった。警察署の方では、まだ散発的に銃声が響き、人々の怒号が聞こえていた。遠巻きに見ている人々の多くは、顔面蒼白であった。

私に注意してくれたジャーナリストのアズミは、遠巻きにビデオカメラで撮影している。私が近づいていくと、

「危ないから気をつけろ。あんまり近くに行ったら死ぬぞ。俺はそろそろ帰るからな」

と言うと、笑顔で、でも小走りに手を振って離れていった。なんとものんきなものである。アハマドは、いつの間にか近くに来ていた。彼も緊張の面持ちである。

と、今度は私がいるそのあたり一帯で、何か騒がしくなってきた。何だろうと思って振り返ると、自治政府警察の車が細い路地をやってきたのが見えた。人々はそれに向かって叫んでいるのだ。さらに、数人の若者が大きな石を持ってきて投げようとしている。それを見た警官が、アクセルを踏み込んでスピードを上げようとしたそのとき、男が石を投げて車の後ろのガラスが粉々に砕け散り、同時に車内から四方に銃撃がはじまった。私は反射的に地面に身を投げ出した。ガラスのなくなった車は、走り去っていった。撮影しようと車に近づいていった私は、まさに間一髪だったといえる。砂地に突っ伏しながら、しばらくは生きた心地がしなかった。こういう突発

的な事態では、多くの場合人命が失われる。幸い死傷者は出なかったが、改めて戦争ではない内紛の恐ろしさを思い知った。

警察署裏に移動すると、そこではまだ騒ぎが続いていた。何か雰囲気がおかしいのを感じた。多くの群衆が集まり警察署に石を投げたりしているのだが、その人混みのなかに、周囲を睨みつけるように見回している男たちがいる。私ともなんどか視線が合った。嫌な予感がする。私が撮影しようとすると、近くにいた若い男に突然腕をつかまれ、撮影を妨害された。さらに何人かが近づいてきて、凄い力で引っ張られる。若い男たちだったが、恐ろしい形相で私を押してきて、掴まれた腕がちぎれるのではないか思うほどの力で押さえつけられた。撮影するなという警告であることは確かなので、相手に従い、撮影をやめた。カメラを下ろし、疑われないようにして立って見ていることにした。目の前では、他のジャーナリストらもみな同じ目に遭っていた。彼らはおそらく警察側の人間か、ファタハの人間だろう。パレスチナ人同士の争いを撮られたくないのだ。過去にもこういうことが起こったと聞いたことはあるが、私が経験したのは初めてだった。この現場は危険すぎる。パレスチナ人たちも疑心暗鬼になっていて、誰を信用すればいいかもわからない。

アハマドが私のところにきて、近くの民家へと連れていってくれた。そこにいればとりあえず安全だった。家の主人も笑顔で対応してくれ、お茶を飲んでくつろぐことができた。アハマドの友人らしかった。

それにしても、パレスチナに長く通い続けながら、初めて経験した事態、内乱の恐ろしい予兆がそこにはあった。アハマドも、こんなことはあまり経験していないようで、憤慨していた。

「とにかく無事でよかったな。ほんとうに危険だから気をつけてくれ。いつでも俺を呼んでくればいいから」

それに頷きながらも、私はやはりそのときに見た光景が忘れられない。かつてラーマッラーで経験した銃撃とは、また違う意味で、そしてこちらははるかに根が深い問題だからこそ、より恐ろしいと思った。

外はようやく静かになっていった。夕暮れが近づいていた。いつもと同じ夕暮れ、いつもと同じ静かなガザ。外の通りに出てみると、さきほどまでの全てが悪夢だったかのように、痕跡もほとんど残っていない。アスファルトに反射する陽が眩しい。警察署の壁に描かれたアラファートの肖像は、微かに色褪せて、笑っているのか怒っているのかよくわからない顔でどこかを見ている。歩いていると子どもたちが、凧揚げをしているところに通りかかった。空を見上げると、青空と夕日の琥珀色が混じったような不思議な色が空を染めていた。

アハマドが私の肩をたたいて、行こうかと促した。ああ、そうだな。彼の後について私も歩き出した。近くのモスクからは、少し間延びした礼拝の呼びかけが流れてきた。まるで何事もなかったように。

ハマースが第一党となったことで、パレスチナ内部に抗争をもたらした。というより、もともとあった不信と対立が顕在化してきた二〇〇六年の選挙直後のガザでは、街角にハマースのメンバーが目につくようになっていた。一方で自治政府の警官たちも街頭に立っており、まるで二重の支配が混在しているようないびつな状況になっていた。

いつものように、アハマドの車でガザ市内を移動していると、もともとイスラーム色が強かったガザが、より宗教的になったような気がした。もっともこのときは、あくまでもそういう気がしただけだったが、ハマースの旗が目立ち、露店でハマースの旗、写真、書籍などがたくさん売られていたりと、その影響はいたるところで見られるようになっていた。

「ハマースが政権を握ったんだけど、アハマドはどう思うんだい」

「それで人々の暮らしがよくなるのなら、それはいいことだけど、まだわからないね」

アハマドは淡々とそう答えた。そういえば、彼はファタハの支持者なのだ。内心は、かなり不愉快なのかもしれない。

「ハマースが力を持ったことは、アブー・マーゼン（アッバース自治政府大統領）も気に入らないだろうし、ガザのファタハとの対立もあるからな。何もなければいいんだけど」

アハマドは心配そうに言う。

実際に、ハマースとファタハの抗争が起こるようになっていた。それは度々銃撃戦を伴うものであり、そのたびに死傷者が出ていた。

「どうして、ハマースとファタハは協調できないんだろう。同じパレスチナ人だし、ムスリムだろ。敵はイスラエルじゃないのか」

「そのとおりだ。だけど上の連中は、金や権力のことしか頭にないからな。これからどうなるかは、インシャアッラー（神のみぞ知る）だね」

アハマドはそう言い、溜息をついた。

イスラエルによる経済封鎖が行われているとはいえ、表向きはまだそれほど影響が出ているようには見えなかった。街頭に立つ警官たちにも、緊張感はない。私にも、事態がそれほど急に変わるとは思えなかった。かつてレバノンにパレスチナ抵抗運動の基盤があったころにも、度々内紛はあったことだし、大したことはないだろうという意識しか持っていなかった。

それは突然はじまった。二〇〇七年六月、ハマースが自治政府とそれを牛耳るファタハに総攻撃をかけ、ガザは内戦状態に突入したのだ。

テレビ画面から流れてくる映像には、ガザ各地で繰り広げられる銃撃戦、血まみれの死傷者で混乱状態の病院、自治政府施設を爆破したり、占拠したハマース民兵たちの姿が次々と映し出される。それを見ている私には、七〇年代から繰り返されてきたパレスチナ人同士、あるいはヨルダンやレバノンでの内戦の映像が重なっていく。遙か彼方、陽光降り注ぐ地中海沿岸で起きている事態は、私が長く抱いてきたイメージを打ち砕くものだった。それはパレスチナの人々の夢をも打ち砕くものだっただろう。

アハマドに電話してみると、彼はすぐに電話に出た。受話器の向こうからは、懐かしい町の音が微かに聞こえ、様々な匂いまでもがそこから流れ込んできた。

「ガザは大変なことになっているよ。どこに行っても戦闘をやっている。家の近所でもファミリー同士で撃ち合って、死人がでた。ガザは戦争だ！」

電話の向こうから、アハマドの興奮した声が聞こえる。外で話しているようで、車のクラクションが鳴っている。アハマドが無事だったことは嬉しいが、それにしても状況がまったくわからない。アハマドとの電話を切ってから、さらに何人かの友人、知人に電話をかけた。

「残念なことが起きてしまったよ。こちらでは状況は掴めないよ。日本でテレビを観ているほうが情報が入るんじゃないか？　とにかく、事態は最悪だ。状況がわかったら教えるから、また連絡くれ」

ガザの知己のジャーナリストはそう言うとすぐに電話を切った。彼は様々なメディアと仕事をしていて、時間がないようだった。

それからの数日、私はテレビとインターネットに釘付けになっていた。わかったのは、ハマースがガザを席巻しつつあるということと、パレスチナ人同士の恐ろしい殺し合いの実態だった。いつかはこういうことになると、九〇年代初期から予想されていたことではあるが、実際にその事態が起きてみると、やはり衝撃は大きい。アラブ世界は、血や家族を非常に重んじる伝統があるだけに、たとえ政治的に問題が解決しても、人々の心の底には、何世代にもわたってわだかまりが残ることだろう。

テレビ画面には、懐かしいガザの各所の様子が映し出された。普段であれば、温かい気持ちでそれらを見ていることだろうが、今ではその光景に重なって映るのは、怒りや悲しみであり、私がもっとも見たくなかったものである。勝手かもしれないが、少なくとも私が生きているうちには、こういう形での感情の噴出を見たくはなかった。

ニュースがないときのパレスチナを、多くの人は知らない。そういった人たちにますますネガティブな印象を植え付けてしまった出来事だが、こんなときにもいつもどおりの日々があり、どれだけの殺戮が続こうとも、数千年来の自然は変わらずにあり、豊かな文化はしっかりと根を下ろしている。こんなときだからこそ私は、目で見たこととは違う、感覚的な世界を実感し、伝えていきたいと思う。

ハマースがガザを席巻し、ファタハの指導者連中は、信じられないことにイスラエルに助けを求め、多くのファタハメンバーがハマースに逮捕され、事態は少しずつ沈静化していった。ハマースが全ての権力を掌握したことで、これからのガザはどうなるのだろうか。

ヨルダン川西岸では、ガザとは逆に、自治政府がハマースメンバーを逮捕していた。

まるで、ガザとヨルダン川西岸に別々の国ができたかのようだった。


二〇〇八年。久しぶりに訪れるガザは、かつてないほどに疲弊していた。ハマースがガザを掌握して以来、イスラエルとの対立はより深まり、ガザに対する経済封鎖はより徹底していた。ガソリンもほとんど入ってこないために、車があまり走っていない。そのかわり、ロバに引かれた荷車や馬車をかつてないほど見た。レストランの多くがシャッターを下ろしていた。季節は春だったが、暑い日が続いていた。

ガザ市内を歩き、イスラーム大学とアズハル大学というガザの二大学府が軒を連ねる通りに行くと、ちょうど学生たちが帰宅する時間帯だったようで、多くの学生たちが通りに溢れ出していた。相変わらず、通りにはほとんど車は走っていない。学生の多くは、いつ来るかわからないバスを延々と待ち続けているようだった。

通訳を頼んでいたマーゼンは、この数年来仕事を手伝ってもらっている男で、優秀な通訳でありコーディネーターである。英語の通じない学生には、仮に通訳をしてもらったが、現在の生活はかなり厳しいと、口をそろえて言っていた。ガソリンはもちろん、小麦や米はじめ食用油や粉ミルクなど、生活必需品が欠乏しており、かつてないほどの厳しさのようだ。

「でも僕たちは、こんなことでは挫けませんよ。今はしっかり勉強して、将来は医者として働き、人々を助けたいと思っています」

そう語ったのは、二〇歳の学生だった。毎日勉強が忙しくて、遊ぶ暇なんてありませんと言い、小脇に抱えた分厚い教科書を指さした。また、四人組で歩いていた女子大生は、やはり生活の困窮を訴えながらも、夢を持ち、それに向かって頑張っています。家では読書やインターネットをしていますと話してくれた。「生活の厳しさには慣れています」と。聞いているこちらの頭が下がるほど、彼らの目は輝き、生きる気力に満ちあふれていた。

アハマドはいつになく意気消沈していた。ジャーナリストがあまり来ない上に、ガソリン代が高すぎて、まったくもうけにならないというのだ。

「君は友人だが、いやそれ以上だけど、今の状況はさすがに厳しい。もう少し払ってくれないか」

いつも私が彼に払う報酬では、とてもやっていけないと、それでも言いにくそうに言った。ガソリンの値段が五倍くらいに跳ね上がっているらしく、私も了承せざるを得なかった。

アハマドは、以前にも増してハマースを批判していた。

「ハマースは何をやっているんだ。玩具のようなロケットなんか撃っても、イスラエルは痛くもかゆくもない。そんなことをしている暇があるんなら、住民を助けるべきだろう」

まったくそのとおりだと思う。ハマースは、特に政権を握ってからは頻繁にイスラエル南部に向かってロケットを撃ち込んでいるが、実質的にはほとんど被害を与えていない。そして、それに対するイスラエルの反撃は、空爆だったり、より厳しい封鎖だったりするわけで、パレスチナ人の死傷者は増える一方だ。生活に困る人も増える一方なのだ。

イスラエルとの対立は深まっており、イスラエル軍が侵攻してくるのは時間の問題だと言われていた。イスラエル政府は、ロケット攻撃を阻止すべきだとたびたび公言していたし、軍にはいつでも行動できるようにグリーンライトを出すとも言っていたからだ。

政治的なレトリックの応酬は、双方で激しくなっていったが、それが続くとますます人々の暮らしが困窮していくのだ。

「ハマースは、まったく俺たちのことを考えていないよ。ファタハも酷かったけど、ハマースはそれ以下だ！」

アハマドの怒りは収まらない。ガザの状況は、ほとんど限界に近づいているようだ。イスラエル軍の侵攻も遠からずあるだろう。しかしそれがいつなのかは誰にもわからなかった。


ガザを出てイスラエル各地を巡ると、まるで別世界のように感じる。いつでもそう感じてきたけれど、このときはより顕著だった。単に異なる文化、宗教、社会基盤だからということではないだろう。ガザがいつも以上に疲弊していて、また視覚的にもイスラーム色が強まっているなかで、欧米の街とほとんど変わらないイスラエルとの違いが顕著に感じられたのかもしれない。

イスラエル北部の町ハイファは、町の美しさにも感嘆するが、それ以上にパレスチナ人とユダヤ人の融合が進んでいて、パレスチナ人たちの様子がガザの人々とはあまりにもかけ離れていることに驚く。ハイファには世界的に有名なバハイ教の寺院があるが、その下に拡がるメイン通り沿いには、たくさんのお洒落なレストランが並んでいる。そこに、アラブ人がオーナーの、評判のアラブレストランがあり、食事がてら立ち寄ってみた。

アラブ風インテリアのかなり大きな店は、テラス席も広くてとても開放的な雰囲気だ。ウェイターやウェイトレスも笑顔が好印象だった。たまたま隣のテラス席にいたオーナーに話を聞いてみると、この店はアラブ人とユダヤ人の融合と平和の象徴でもあり、従業員も双方のミックスだという。

「ハイファは、歴史的にも友愛と平和の町です。バハイの聖地であるのもそういうところからですし、イスラエル建国以後もそれは変わっていません」

「現在、占領地の問題などで、パレスチナとイスラエルには様々な問題がありますが、それは影響ないということですか」

「たしかに、多くの困難な問題がありますが、ハイファがいい意味でのモデルケースになればと思います」

彼はそう言いながら、向かいの席で同席していた男を指さし、

「彼もユダヤ人ですよ。古くからの親友です」

と言った。彼らは互いにヘブライ語で話していた。それから、彼が従業員たちを呼んできて紹介してくれたが、半数以上がユダヤ人、パレスチナ人にもムスリムとクリスチャンが混ざっていた。

「ガザや占領地では、パレスチナ人とユダヤ人が対立しているんですが、どう思いますか」

そう聞いてみると、誰もが深刻な問題だと思うと言いながらも、自分たちとは関係ないと言い

切った。あるムスリム女性は、

「同じムスリムとして、パレスチナ人として心が痛むけど、ガザを知らないし、親族もいないから、イメージが沸かないわ。何とか問題が解決して欲しいと思っているわ」

と、話してくれた。

「ガザに行ってみたいですか」

「いいえ、行きたくないです。危険そうだし」

若いムスリム女性は、そう言うとにっこりと微笑み、同席していたユダヤ人女性となにやら楽しげに話していた。そのユダヤ人女性は、

「私にとっては、人種や宗教は関係ないわ。お互いが信頼していい友人であれば、それでいいと思うの。今ガザで起きていることは残念だけど、解決されると願っているわ」

彼らと話して、私は複雑な思いだった。私たちは、遠いところからパレスチナのことを意識してこの地に来ているのだが、近いところにいる彼らは、逆に彼の地との違いや、距離感を感じていることを初めて知った。同じパレスチナ人として同情はするが、自分とは関係ない。もしかするとそれは当たり前のことなのかもしれない。けれど、実際にそれを聞いて、人間にとって、住んでいる環境がその人の考えや生活スタイルにも影響を与えるのだということが、改めて理解できた気がする。楽しげに働いているムスリム女性は、スカーフも被らず、半袖シャツにヘソ出しルックの欧米風スタイルだった。ガザの女性たちと比べると、確かに同じ歴史や文化を共有しているとは思えなかった。

そのレストランのテラス席からは、丘の上に美しくライトアップされた、バハイの寺院が大き

く見えた。イスラームから派生したバハイ教は、究極の平和の宗教ともいわれている。その総本山がここにあるのも、何かの縁なのだろうか。非常に美味なアラブ料理を味わいながら、私は楽しげな客で賑わうレストランの様子と、町を見下ろすバハイ寺院、その上に拡がる美しい夜空を眺めながら、ガザに思いを馳せた。今ガザの人たちはどうしているのだろう。同じ空の下で、彼らはここことは対極にある生活をしている。その人たちとここの人たちは、車で二時間足らずの距離に住みながら、まったく接点のない世界に暮らしているのだ。

「料理はどうですか?」

先ほどのムスリムの女性ウェイトレスがやってきて、にこやかに聞いた。とても美味しいですよ、と言うと、満面の笑みで応えて、颯爽と歩いていく。彼女の後ろ姿を眺めながら、この地の人々がほんとうの意味で平和に暮らせる日が来ることを、心から願わずにはいられなかった。

このときにイスラエル各地をじっくりと見て歩いたのは、私自身にとってもいい刺激になった。長い間、パレスチナ問題という、ある意味作られた事象に囚われすぎていて、この地の自然な空気が読めていなかった、感じられなかった面があるような気がしていたが、実際に各地を周り、人々と話し、自然を眺めている中で、漠然とだけれど、光が見えてきたような気がする。ハイファの空気やバハイの影響なのかもしれないが、基本的には私たちは、様々な違いを乗り越えて共生していくことができる、それが本来のあり方なのだと。それが、この地域が聖地であることの本質の一端でもあると私は感じている。

ハイファから少し北上すると、アッコという豊かな歴史に育まれた古い町がある。旧市街と新市街に分かれ、旧市街にはパレスチナ人、新市街にはユダヤ人が主に住んでいる。地中海沿岸に開けたこれらの町、それを巡る道程も心が和む旅だ。年間を通じて温暖で天気もよく、青い海を視界に捉えながら、気持ちよく過ごすことができる。預言者たちに縁の場所も各地にある。ローマ帝国や十字軍に縁の遺跡なども数多い。聖地であると同時に、歴史を辿ることができる希有な場所でもある。

これら地中海沿岸からルートを内陸に向けると、やはり降り注ぐ太陽の下、緑が目に眩しい光景が続く。中東というと砂漠とか乾いた大地という印象が強い。この地が水資源に悩まされているのも確かだけれど、視覚的には圧倒的に緑に溢れる大地なのである。

アッコからそう遠くない平原の中に、ぽつりと盛り上がった小さな丘。そこがメギドと呼ばれる場所である。ハルマゲドンの語源ともなった地で、数千年前の古戦場跡であると同時に、未来の終末戦争の舞台となるともいわれている。

ほとんど車も通らない道を走りメギドに着くと、そこは国定公園のようになっていて、イスラエル人の家族がピクニックしている姿が見られる。丘の上には案内所と小さな売店、メギドの歴史を説明した部屋などがあり、そこから少し歩くと遺跡があった。古い要塞跡である。古の人々の建築技術の確かさがわかるほどに、その石垣や壁、トンネルなどは素晴らしいものであり、当時の人々の知的レベルの高さをも偲ばせるものだ。

遺跡の端が展望台になっていて、周囲を三六〇度見渡せるようになっている。視界の届く限り、大きな建物や山などの遮蔽物もなく、この地は多くの兵士や戦闘車両を展開するには絶好の場所だったのだろう。しかし、あくまでも静かな場所であり、また自然に溢れたその雰囲気は平和的なものであり、この地で終末戦争が起きるというのは、あまり実感が沸かない。丘の上の展望台で静かに景色を眺めていると、終末戦争というよりも、かつて大陸と大陸を結ぶ重要な交易路だったこの地の面影が目に浮かぶ。そういう重要な場所だったからこそ、幾多の戦争の舞台にもなったのだろうか。

世界文化遺産にも登録されているこの地は、なぜかほとんど知られておらず、訪れる観光客も少ない。だからこそ、静かに旅をして独特の歴史と雰囲気を味わいたい人にはふさわしい場所だ。不思議なことに、ここで静かに過ごしていると、戦争のイメージが遙か遠くへと過ぎ去っていくような感覚になる。

さらに内陸へと走ると、途中から突然車の通行が増え、町や村が増えてくる。辿り着くのは、ナザレである。ナザレのイエスという言葉が残っているように、預言者イエスは、この地に長く暮らし、数々の奇跡を起こしたと言われている。この地には、イエスや聖母マリアを記念する教会が多く、ベツレヘムやエルサレムと並んで、世界のキリスト教徒の重要な巡礼地となっている。

坂の多い小さな町だが、巡礼者や観光客で恒常的に混み合っている。私が滞在した数日の間も、常に道は渋滞し、レストランでは行列というありさまだった。その一方、教会へ行くと、静かで聖的な空間が拡がっており、まさに聖と俗が混在するところだと感じる。

この歴史的な大地を歩いていると、度々紛争に見舞われて、今でも問題が解決していないことに思いが至らない。治安もおおむねよい。世界中からの人々が住み着いているので、コスモポリタン的な雰囲気がある。ヨルダン川西岸とかガザ、あるいは何か事件が起きた場所にいると、逆にこういったことが見えなくなるのだとわかる。

差異を際だたせようというのは、人間が人為的に行うことであり、それが民族とか国境とかの概念へともつながっているのだろう。そういうものを度外視してこそ、より自然な意識を保てるのだと思う。また、そうなっていくのが自然なのではないだろうか。かつて人々が歩いて、あるいは馬や舟に乗って、この地球をどこまでも旅したように、私もそうしたいと思う。

ヨルダン川西岸やガザに閉じ込められている人々は、まさに人類の作り出した最悪の制度、占領という行為をいまだに経験している最後の人たちであり、彼らの自由への渇望はより大きいはずだ。かつての預言者や旅人のように、広い大陸を好きなように彷徨う。そんな素晴らしいことができる世界へと。いつかそんな世界になることを夢見て。

世界は今大きく変わろうとしている。国とか国境とかの概念は、遠からず大きな変革を迫られるだろうし、そうなるとこの地の問題も、否応なく解決されていくのだろう。そうなって欲しいと心から思う。

二〇〇八年も終わろうとしているある日のこと、ケニアのナイロビ空港のラウンジで、私は旅の疲れを癒し、リラックスしていた。コンゴでのいくつかの仕事を終えての帰途だった。ナイロビ空港は、アフリカにあるいくつかのハブ空港のひとつでもあり、世界中からの観光客やビジネス客、ジャーナリストたちで賑わっていた。誰もがそれぞれの旅、仕事、あるいはここ最近の出来事、これからのことに思いを巡らし、ひとときの休息を過ごしているのだろう。旅の途中に降り立ち、飛び立つまでの空港での時間というのは、いつでも新鮮な印象を与えてくれる。世界中から集まった様々に異なる人々が、一瞬だけそこで接点を持ち、また世界中へと旅立っていく。

とても刺激的な場所でもある。

ドリンクを飲みながらふと正面にある大きなテレビ画面に見入ると、どこか見慣れた風景が拡がり、人々が叫び、また町が空爆されている様子が映し出された。一瞬我が目を疑い、身を乗り出した。それはガザからの映像だった。

イスラエル軍が、ガザに対して総攻撃をはじめたのだった。私がそれまで感じていた安らぎは瞬時に吹き飛んだ。とはいえ、ここにいてはどうしようもない。どうしたものだろうと考え、周囲を見回すが、テレビ映像にうろたえているのは、どうやら私くらいのようだった。ラウンジにいる他の人々は、新聞を読んだり、昼寝したり、恋人と語らったりしている。テレビを見ている人も、どこかで戦争があったのかなというぐらいの気持ちで見ているのだろう。

とりあえずソファに深く身を沈めて、落ち着こうとするが、妙案は浮かばない。自分が慌てても何も変わらない。それはわかっている。それでも、ずっとガザに通い続けてきた私は、現地にいる友人たちのことが気がかりでならなかった。そうしている間にも、テレビではライブ映像が次々に流れている。

ふと思い立ち、ガザの友人マーゼンに電話をかけてみた。いつも通訳をしてくれる男で、流暢な英語を話し、メディアでの経験も豊富な人間である。が、何度かけても繋がらない。トライし続けて、何度目かにようやく繋がった。

「マーゼン、そちらの様子はどうなってる？　大丈夫か？」

受話器の向こうからは、マーゼンの意外にも落ち着いた声が聞こえてきた。マーゼンは、ガザ市にほど近いジャバリヤ難民キャンプの近くに暮らしていて、周辺にはハマースのメンバーが多く住んでおり、また関連施設も多いので、余計に心配だったのだ。

「ああ、元気か。今どこにいる？　こちらは大変なことになっているよ」

「今テレビを見ている。大丈夫か？」

「ああ、今のところはね。たくさんの警官が殺された。家の周辺の地域でも空爆されている。だけど、僕は大丈夫」

「何とか行きたいんだけど、すぐには動けないんだ。しかしイスラエルはなぜ今攻撃をはじめたんだろう」

「わからないけど、アメリカの大統領選前だからじゃないか。今のうちにやってしまえということだろう」

マーゼンは、あくまでも落ち着いている。アメリカの政権が変わったらこれほどの強硬策もとれまいと、イスラエル側が考えているだろうとの認識は、多くのパレスチナ人が持っていたようで、ある程度予測はしていたのだろう。これほどの空爆は過去に例がないにしても、やはり彼らは慣れているのだ。そして、結局は自分たちしか信用できないことも知っている。

「マーゼン、エレツは開いているのか？　ジャーナリストは入っているのか？」

「当然閉まっているよ。ジャーナリストはいない。ここ数カ月、イスラエルはジャーナリストを閉め出していたんだ。ガザには入れないよ。心配してくれてありがとう、でも大丈夫だから」

「わかったマーゼン、また電話するから」

電話を切って、改めてテレビ画面に見入ったが、ほとんど同じ映像の繰り返しだ。まだ新しい映像が入っていないのだろう。周囲の人たちは、相変わらずほとんどテレビを気にしていない。

リアルタイムで人が殺され、その場所からの映像が入っている。それでも、人々はまったく意に介していないという現実。かつては、何日も経ってから、様々な情報が届いてきたのだろうが、今の時代では瞬時に映像が世界へと流れていく。しかし逆に、それがリアルさの喪失へと繋がっているのかもしれない。人々の多くは戦争の経験がない。もちろんそんな場所には、ほとんどの人たちが一生行かないだろう。その一方で、ビジュアルとしての戦争は、映画やゲームなどで巷に氾濫しており、そのために人々の感覚は鈍り、現実（あくまでもカメラが捉えた、その画角の中の現実）を見ても、ピンと来ないのかもしれない。フライトを待ちながら、私はテレビ画面が映し出すガザの状況を見続けた。

数日後に日本に帰り、ガザへの入域の可能性を探り続けた。ガザの知己のジャーナリストに何度も電話をかけてやっと話ができた。

「大丈夫かい。寝ていたのか、悪いね。ガザに入れるのかどうか知りたくて電話をしたんだ」

「いや、空爆が凄くてね、眠れなかったんだ。ガザには入れないよ。みんなエレツに来ているんだが、入れないそうだ。完全に無理だね」

「そうか、わかった。大丈夫か」

「ああ、今のところはね。それにしても、今回のは凄いよ、イスラエルは本気で来ているよ」

「とにかく気をつけて」

「ああ、いつでも電話してくれ。状況は話せるから」

ガザへの攻撃は日々激しさを増しているようだった。年が明けてすぐに、ハマースのトップリーダーの一人が殺された。家族も一緒に。彼の家に、イスラエル軍機が爆弾を投下したのだ。その男は、以前会ったことがある人物だった。数年前に、彼の息子がイスラエルの入植地に攻撃を仕掛け殺されたときに、その葬儀に参列したが、そこに彼がいたのだ。非常に慕われた指導者だったのだろう、多くの人々が葬儀に訪れていたのを覚えている。あのときの彼の立ち振る舞い、葬儀に来た人々を丁寧に迎え、気丈夫に振る舞っていた姿が、昨日のことのように脳裏に浮かんだ。

あのときに会った、彼の子どもたちや奥さんも、皆殺しにされたのだ。当時の悲しみに暮れる人々の姿が、昨日のことのように甦る。あの人たちが殺されたのか。なぜだろう。命とは、これほど簡単に失われてよいものなのか。これだけの流血が、テロとの戦いという空虚な言葉だけで片づけられていることが、私には衝撃的だった。

死者は増え続けていた。毎日のように、ほとんど一〇〇人単位で増えていたように思う。連日テレビ画面から溢れ出す、恐ろしいほどのネガティブな映像。それは現実に起きていることの一端ではあるが、全てではない。また、あきらかにメディアの意向が働いている。こういうことが、ますます多くの人々をパレスチナから遠ざける。人は悲惨なものを見たくないし、経験したくない。こういう状況の下で、私がいかにパレスチナの素晴らしさや、そこに暮らす人々（パレスチナ人、ユダヤ人双方）の素晴らしさを伝え、その土地の素晴らしさを表現しようにも、それさえもが無意味になってしまう。

それほどの圧倒的な死の映像が、秒単位で垂れ流されていた。戦争の間、私は毎日気が休まることがなかった。現地に行けないもどかしさもあったが、私が現地で体感したことを表現していくことに対して、流され続けているネガティブな映像に埋もれていかないようにするのが、容易ではないことを感じていた。

マーゼンが言っていたとおりに、そして多くの専門家が指摘していたように、米国にオバマ政権が誕生すると同時に、戦争は終わった。イスラエルは、ほぼ目的を達成したと判断したのだろう。一方のハマースは、意味のない好戦的な宣言ばかりを出し続け、イスラエル軍にほとんど損傷も与えることができずに、そして何よりも自分たちが死守しなければならないはずの、ガザの市民たちを守ることもできずに終わった。この非常に後味の悪い戦争は、私が長い間抱いている革命や解放闘争に対するイメージが霞んでしまうほどのものだった。

私は単なるロマンチストだったのか、現実とはいつでもこれほどに愚かで、情緒の入り込む余地もないものなのか、自問自答し続けた。今に至るもその答えは出ていない。

戦争の後、世界中のジャーナリストたちが、ガザに殺到した。そして、ステレオタイプなレポートや写真、映像を流し続けた。破壊された町、崩れ落ちた家々、泣き叫ぶ人々といった、いつもどおりの光景。ひととおりガザで欲しいものを漁り尽くすと、ジャーナリストたちは潮が引くように引き上げていった。

その後には、破壊された町と、あらゆる意味で傷ついた人々が残されていた。

私は二〇年にわたってパレスチナ、イスラエルの取材を続けてきた。最初の一〇年は、若さと自分の思い込みや、ジャーナリズムというものの既存のあり方に囚われていた。紛争地では、とかく被害者と加害者を明確に分け、何か不正義（と、こちらが思い込んでいること）があれば、それを明らかにすることが必須だと信じていた。必ず上から目線で見て、情報の受け手の涙腺を刺激したり、怒りを誘発したりということが必要だと思い込んでいた。そういうことが何ももたらさないのだと感じるようになったのは、三〇代も後半になってからだった。いや、自分たちが伝えようとしてきたことが世界を変えられないのならまだいいほうで、実際には、その地に対するネガティブな印象を与え、それが人々の無関心へと繋がる。それがまた紛争の継続へと繋がっているという悪循環でもあるのではないのか。そんなことも含めて、自分のしていることの意味を考え続けてきた。

しかし、状況は刻一刻と変化し、私が悩み考え、試行錯誤しているうちに、物事の表層に堆積した砂は風に流されていき、また新しい光景が目の前に拡がっている。本質的な部分は確かに感じられるのだけれど、目まぐるしく変化していく表層のイメージは、多くの人々をとらえてやまない。そして、私はその忙しない動きを遠くから見ていることしかできない。

フォトジャーナリズムに関わってきて、そして今ではそのことに違和感を覚えながらも、同じようなフィールドで生き続けている。その場所で私はどのように振る舞い、何を見て、感じて、どう表現していくべきなのか。それは答えのない問いであり、生きている限り考え続け、悩み、誤りを犯しながら、いつまでも試行錯誤し続けるのだろう。人はそういう宿命を負っているのだ。自分の選んだ道を信じて、その時々の自分の感覚を信じて生きていくしかないのだと思う。

漂うように、静かに場の空気に揺れながら、旅をしていきたいと考えている。かつて、幾多の旅人が通り過ぎていったように、預言者たちや皇帝や将軍たちや商人たちのように、一人の旅人として静かに通り過ぎていけたらいいと、そう願っている。

いつものように、聖誕教会はじめ各地を歩き、撮影し、多くの人々と話してきて、今日はいよいよベツレヘムを発つという日。最後に、映画監督のサイードと食事をしようと約束していた。

聖誕教会前の広場で待ち合わせ、彼がいい店を紹介するよと連れていってくれたのが、広場のすぐ脇、通りを少し入ったところにあるレストランで、パレスチナのライトミールの代表格のホンモスやファラヘルの専門店だった。

「この店のホンモスは美味しいんだ。ベツレヘムに来たらここで食べないわけにはいかないよ」

サイードはそう言うと、嬉しそうに私の手を取り店に入っていく。

店の入り口では、レストランの主人や従業員がファラフェルを油で揚げ、サラダを作っていた。サイードとは顔見知りらしく、親しげに挨拶を交わしている。中に入ると、意外に広い店で、八〇人くらいは座れるようだ。インテリアも純アラブ風であり、各所に水煙草のガラスの容器や伝統楽器のウードなどがさりげなくディスプレイされている。スピーカーからは静かにアラブ伝統音楽が流される、とても品のある店だった。

サイードと私は、店の奥の席に座り、ホンモスとサラダなどを注文した。まだ昼前であり、店内には私たち以外には二組の客がいるだけだった。しばらくしてウェイターが持ってきた料理は、テーブルの上に乗せきれないほどたくさんあった。こちらの慣習で、メインの皿以外に各種サラダなどが小さな皿でいくつもあり、彩りも豊かで、視覚的にも楽しめる。店の自慢のホンモスは、ひよこ豆がまろやかなクリーム状ペーストになっていて、濃厚な味が口の中に拡がっていく。それにかけられたたっぷりのオリーブオイルがまた、芳醇な香りと舌触りである。あまりの美味に、私はテーブルの上に集中していた。サイードはそれをにこやかに見ながら食べている。

「どうだい、美味いだろ」

「ああ、確かに美味いね。パレスチナでトップクラスの味だと断言できるよ」

そう答えると、サイードは大きく頷いていた。

食べながらふと視線を感じて、サイードの後ろの席に目をやると、若い女性が二人で席に座り、しきりにこちらを見ているのに気がついた。こういうレストランに若い女性が二人でいるのは、珍しいことではある。アラブ世界の多くの地域では、女性たちはたいてい夫や家族と一緒で、二人連れとはいえ女性だけでレストランに来ているのは、稀だろうからだ。二人とも、頭にはきっちりとヒジャーブ（頭と顔を覆う布）を巻き、身体全体を覆うムスリム女性のドレスを着ている。やはりホンモスを頬張りながら、にこやかに語らい、度々こちらを見ているのだ。はじめは勘違いかとも思っていたが、何度もこちらを見て、しかも明らかに私と目が合っている。しばらく目線でのやりとりがあった後、思い切って話しかけてみた。

席を立って、彼女たちの席に行って座り、

「こんにちは」

と言うと、

「こんにちは。どこから来たんですか」

と笑顔で話しかけてきた。

「日本からです。あなたたちはベツレヘムに住んでいるんですか」

「日本人？　それは素晴らしいわ。何しに来たんですか。私たちは、大学生でベツレヘム近くに住んでいます」

「こちらには撮影で来ています。ベツレヘムは美しいところですね」

そんなやりとりが続く。サイードも驚きながら同じ席に来て、四人で話が弾んだ。彼女たちは外国人と話がしたかったのだろうか。その真意はわからない。後でサイードも、珍しいことだなと言っていたが、たしかにこういうことは稀だろう。イスラム世界では、女性が見ず知らずの男性に話しかけることが、場合によっては非常にふしだらな行為と取られかねないからだ。ベツレヘムという、パレスチナの中でもキリスト教徒が多い場所で、しかも観光客も連日訪れる場所ということもあったただろう。あるいは彼女たちがよほど海外の人と話したかったのか。いずれにしても、その意図はわからなかった。

「世界中に行くことができて素敵ですね。私たちは、占領された土地に住んでいて、そこから出ることもできないの。エルサレムへさえ行けないんです」

そう語る彼女たちは、どこか寂しそうな表情を浮かべながらも、私を見る目には、好奇心が溢れていた。様々な私が行った場所の話をしたりしているうちに、時間が過ぎていく。レストランにも、客が増えてきて周囲も騒がしくなってきた。中には、私たちを奇異な目で見ていく人もいて、あまり長時間話しているのは好ましくないような気がした。彼女たちもそれを感じたようで、

「そろそろ行かなきゃ、でもちょっと待っていてください」

そう言うと、二人でどこかへと出て行った。残された私は、サイードとふたりで狐に包まれたような気分だった。

「非常に珍しいことだね。驚いたよ」

「そうだね。信じられないよ」

私も相づちを打つ。一〇分ほどして二人は戻ってきた。そして、私に何か手渡すと、じゃあね元気で、と言って、手を振りながら去っていった。

二人が私にくれたのは、小さなお守りのクルアーン（コーラン）とパレスチナの地図の形をしたキーホルダーだった。何かお土産をということで、探してきてくれたのだろう。

先ほどまで二人が座っていた席に、いつまでも彼女たちの残像が残っていた。その一方、やっぱり夢だったのではという気もした。不思議な体験だった。

サイードと店の外に出ると、日中の強い日差しが一気に全身を包み込み、目の前にはいつもと変わらない、聖誕教会の姿があった。先ほどの二人はもういない。まるで白日夢のごとく、突然どこからか現れて、まるで太陽の光の中へと去っていったようだった。以前、聖誕教会の中で会った男に聞いた話、聖像画のイエスが現れたという話を、突然思い出した。彼女たちも、私に何かを伝えるために出てきた聖母のような存在だったのかもしれない。焼け付くような白い石畳の上に立ち、そう思った。

なぜこのときのエピソードを思いだしたのか、自分でもはっきりとはわからない。しかし、とても不思議な出来事だったし、ベツレヘムという場所柄もあり、聖母のイメージと重なったのかもしれない。何かを私に伝えようとする意思が働いて、彼女たちがそのメッセンジャーだったのかもしれない、などと思ってみたりもする。ここに住んでいるサイードが、驚いて首をかしげていたほどの奇妙な出来事だ。私は、この出来事から何かの意味を感じ取らなければいけないのかもしれない。あるいは、ほんとうに、それは夢だったのかもしれない。パレスチナを彷徨し、疲れ切った私がついに出会った聖母の幻想が彼女たちだったと。確かに、これを書きながらも、書き進むほどに、彼女たちの顔やその時のレストランの様子、ベツレヘムの天候やあのときの周囲の音や匂いまでもが、それらの記憶が少しずつあやふやになっていき、霧のように立ち上って消えていくような気がする。

ラーマッラーに数日滞在していた。この町は実質的にパレスチナの首都機能を果たしているので、来るたびに町が大きくなり、新しいホテルやビルが建っていた。ある時、市内からホテルに戻ると、ホテルの入り口に見覚えのある顔を発見した。なんと、ガザ地区のラファに住んでいるアブーマフムードである。あの、家を破壊された彼だった。

「どうしたんだい。どうして、ここにいるんだい」

一瞬言葉に詰まってしまったが、驚いて声をかけた。向こうも少し驚いたようだったが、

「おお、懐かしいな。こんなところで会うとは」

と言うと、笑顔で近づいてきて、挨拶を交わす。けれど、彼の顔はどこか冴えない。

「どうしてここに？　どうやって来たんだい」

ガザから来ることは難しいはずだ。逆にいえば、出てくるにはそれなりの理由が必要になる。イスラエル当局の許可も必要である。しばらく考え込んでいた彼は、静かに口を開いた。

「息子が怪我をしたんだ。足を切断してしまった。治療のために出てきている」

それを聞いて、私は非常に驚き、また心配になった。

「どの息子？　マフムードかい」

彼は頷いた。どうして？　何があったんだ。多少予感はあったが、まさか。

「ハマースがガザを支配したのは知っているだろ。あのときの騒乱で、連中に足を撃たれたんだよ」

「どうして。マフムードはファタハのメンバーだったのか？」

「いや、違うよ。でも、ファタハの集まりにはよく出ていたけど」

信じられない。というより、パレスチナの内乱が、あらゆるところに影響を与えていることに、改めて驚かされた。

「マフムードに会える？」

「ああ、大丈夫だと思う。聞いてみるよ」

彼は、どこかに電話をかけて、誰かと話をしていた。今ひとつ状況が飲み込めない私は、彼の電話が終わるのを待っていた。ガザでのマフムードのことが脳裏をよぎった。ちょっと悪ぶった彼の姿が、懐かしく浮かんだ。

電話が終わったようだった。

「マフムードは、同じように治療を受けている人たちと一緒にあるところにいる。会えるけど、カメラは持たずに来てくれ。いろいろと問題があるんだ」

「わかった。心配しないでいいよ」

タクシーに乗り、ラーマッラー郊外の住宅地の中を行き、その場所に着いた。ホテルからわずか五分ほど、あまりに近いので驚いた。そこは大きな家だったが、普通の民家のように見えた。経緯はわからないが、ガザから人々が出てきてヨルダン川西岸で治療を受けているということは、裏で何か政治的な思惑も働いているのだろうし、イスラエルとの間での何らかの合意もあるのだろうし、もちろんパレスチナ内部の、ハマースとファタハの間の問題もあるだろう。いずれにしても、そのあたりの事情はあまり考えない方がよさそうだった。

私は外に待っていて、アブーマフムードが中に入っていった。そこは高台になった住宅地で、ラーマッラーとその先の村々まで見渡すことができた。すぐに彼が出てきた。一人の男を連れている。

「こんにちは。歓迎しますが、中で撮影など一切しないでください」

その男はどうも医者らしい。一見笑顔で人当たりはよさそうだが、目の奥は笑っていなかった。私の頭から足下まで、疑い深そうにさっと流して見たのを見逃さなかった。私のような人間が来るのをあまり歓迎していないのだろう。長居は無用だ。マフムードに会って様子を見たらすぐに帰ろうと決めた。

家の中には五人くらいの男たちがいて、所在なさげに座りテレビを見たり煙草を吸ったりしていた。誰もが足や手、顔などを負傷しているようで、包帯を巻いたり杖をついたりしていた。彼らは私を歓迎しているようだが、外部の人間を入れたことへの危惧もあるようだ。アブーマフムードと彼らがしばらく会話していたが、私のことを説明していたようで、それを聞いているうちに、彼らも安心したようだった。

「いろいろと複雑な問題がある。自治政府絡みの問題もあって、ほんとうはここに外部の人間、特にジャーナリストは入れてはいけないんだよ。だけど、君は友人だし、ここにはあくまで息子の見舞いで来たんだと説明したよ」

「ありがとう。みんなガザから来たのかい。マフムードは？」

「ああ、みんなガザからだよ。マフムードはその辺にいると思う。呼んでくるから待っていて」

彼は、奥の方に入って行った。残された私は、改めて部屋の中を見回す。何の変哲もない民家のリビングルームのような部屋で、ベッドが三つ置いてある。そこには男たちが腰掛け、所在なさげに煙草を燻らせていた。テレビではローカルなニュースが流れていて、また一人の男がラジオのニュースに耳を傾けていた。壁には、クルアーンの章句が書かれたパネルが飾ってあるくらいで、特に彼らの政治的立場を推測できるものもない。クルアーンの章句を飾るのは、世界中のムスリムの家で普通に見られる習慣だ。

アブーマフムードが部屋に入ってきた。すぐ後ろから、懐かしいマフムードが入ってきた。以前よりまた一段と大人びているようだ。以前と違っているのは、杖をついていることであり、足下に目をやると、右足の足首から先がなかった。私はハッとして、すぐに目を逸らして彼の顔を見た。私の視線に気がつくと、マフムードは少し恥ずかしげに、でもまっすぐに私の目を見て近づいてきた。握手するその手は、力強かった。

「マフムード。久しぶりだな。元気かい。大丈夫か」

「何とかね。このありさまさ」

「お父さんから聞いたよ。でも、思った以上に元気そうでよかった」

そう言うと、彼は初めて微笑んだ。

「もうたくさんだ。どうしてパレスチナ人同士で争うんだ。もう、ウンザリだよ」

アブーマフムードは、息子の横でそう嘆く。

「なあ、マフムードが何をしたんだ。ただ、家にいただけだよ。奴らは突然入ってきて銃をぶっ放したんだ。何の恨みがある。そんなに人を撃ちたいんならなぜイスラエルを攻撃しないんだ。正気の沙汰じゃない」

「奴らって、ハマースの連中かい」

「わからないよ。でも誰だっていい。同じパレスチナ人だよ。俺は、家も壊されて、息子がこんなことになってしまって、どうしたらいいんだ。いったい奴らは、何をしたいんだ」

アブーマフムードの悲しみは深く、それは救いようのないものだった。その場に漂う重苦しい空気に、呼吸をするのもためらわれるほどだった。周りにいる男たちが手にする煙草から、煙が静かに立ち上っていた。遠くから、ラーマッラーの町の喧噪が風に乗って聞こえてきた。西日が強くなってきた。窓の向こうに見える空は、かすかに赤銅色に染まりはじめていた。

ここに来たときに出迎えてくれた医者らしい人物が、部屋に入ってきた。チラチラと私を気にしながら、アブーマフムードと話している。そろそろ帰ったほうがいいのかな、と思っていると、

「我が友よ。そろそろ行ったほうがいいようだ。外まで案内するよ」

彼はそう言って手招きした。私は立ち上がり、その場にいた男たちと握手をした。マフムードとは最後に堅く握手をし、再会を約束した。

「なあ、マフムード。今度はラファで会おう。元気でな」

私がそう言うと、彼は力強く手を握り返してきた。とんだ災難でもあったが、彼はまだ二〇歳くらいだし、生命力に溢れている。絶対に立ち直ってくれると信じている。

外に出て行くと、いくぶん風も冷たくなり、気持ちのいい夕暮れとなっていた。アブーマフムードは、しきりに謝っていた。

「もっといて欲しいんだけど、いろいろ事情もあってな。察してくれ」

「気にしないで。君とマフムードに会えてよかったよ。マフムードも大丈夫だよ、彼は強いから。今度はラファでゆっくりと話そう」

「インシャアッラー。今度会うときには、全ての状況がもっとよくなっていることを願うよ」

彼らが呼んでくれたタクシーがすぐ脇に止まった。私はそれに乗り込むと、彼と別れの握手をした。手を振る彼の姿が、次第に暗くなっていく通りにいつまでも見えていた。彼や彼の家族を襲っている悲劇は、多くのパレスチナ人にとっても共有されているものだ。それらが過去の話になる日が、いつの日か訪れるのかもしれないけれど、いつになるのかは見当もつかない。遠い未来の話なのかもしれない。この聖地に溢れる平和への願い、数千年の歴史に彩られた多様で重厚な文化へと思いを馳せたときに、人々の意識が変わっていく可能性は大きいのではないか。人間に英知というものがあるのなら、その可能性を信じることしかできない。そうでなければ、私たちが生きていることの意味がない。

歴史的に無数の悲劇を繰り返してきたのが人間だが、いつまでその愚かな行為を繰り返していくのだろうか。

エピローグ

廃墟と化した街。死に瀕した美しい街は、いつになく静かな朝を迎えていた。立て続けに撃ち込まれていた砲弾の雨も止み、空を切り裂いていた戦闘機の音も止んでいる。一夜明けて、昨日までの戦争が夢だったのかと見紛うほどだ。

硝煙の臭いと死臭の充満する通りを歩いていくと、彼方から騒々しい音が聞こえてくる。吸い寄せられるようにそちらへ歩いていく。死の匂いが漂う街の通りに、たくさんの人が出ていた。人々の表情も、なぜか晴れやかだ。それを眺めながら、私の視線は、騒がしい音のする方向へと移動していく。

下り坂にさしかかると海が見えてきた。朝の光に水面が輝くさまは、まるで宝石のようでもあり、思わず心が洗われる。坂を下っていくと、今までどこにいたのだろうと思うほど、たくさんの人たちが通りに繰り出していた。

港には大きな客船が係留されているのが見えた。そこには迷彩服で身を固めた兵士がたくさんいて、警戒はしているが、顔は晴れやかに輝いている。まるでお祭り騒ぎのような、これから何か大きなことがはじまるといった雰囲気が、そのあたりに充ち満ちていた。私は、静かにことの成り行きを見守った。

人混みの中にジハードの姿を見た。彼もまた、これから起きることを待ちわびて、そのために大きく感情を動かされているようだった。その顔は上気して、目線は定まっていなかった。いったい何が起きるのだろうか。

さらに日が高くなり、日の眩しさと湿気に肌を汗が伝わるようになってきた頃、街の方から兵士たちを満載した軍用トラックが港へと入ってきた。兵士たちは沿道に手を振り、満面に笑みをたたえている者が多いが、中には寂しそうに、感極まった表情の若者もいた。沿道に陣取った人々、その多くが女性たちや老人たちだったが、必死に手を振り叫んでいる。

パレスチナの兵士たちが、ベイルートから撤退するのだ。かつてはヨルダンで戦い、また一〇年を過ごしたこの地から撤退していくのだ。あまりにも大きな悲しみ、祖国への戦い半ばにしてまた流浪の旅を続ける兵士たち。その思いは察するにあまりある。それを見ていた私も、大きく感情を動かされ、目頭を押さえていた。

家族を残していく兵士たちは、妻や子どもたちと抱き合い、祖国での再会を約束し、夢に見て、それを強く信じて、船に乗り込んでいった。次から次へと港にやってくる兵士たちは、自動小銃を空に向けて撃ちながら、人々に別れの挨拶をしていた。凄まじい銃声と人々の希望と悲しみが重なり、解け合っていくこの空間の中で、人々の熱い思いは沸点に達して、空へと立ち上っていった。一人の若い兵士が、携帯用の対戦車砲を構え、それを海に向けて発射した。大きな音と共に、その軌跡は船の上を越えて何事もないように、凪いでいる海の中へと飛び込んでいった。

長い間、夢にまで見てきた熱いロマンと革命への戦いは、このときに事実上幕を閉じたのだった。かつて、夕日の中で誇らしげに立ち上がり、丘の彼方のまだ見ぬ故郷を見据えていた若者たち。まだ熱い銃身からかすかに硝煙をはき出している銃をしっかりと携え、夕焼けの中で熱く燃えていた若者たち。彼らの純真な、そして命を賭けた戦いは、様々な政治的思惑や、金や人間のどす黒い謀略の中で時と共に侵蝕され、多くの若者がその熱い血を大地に染みこませて、斃れていった。生き抜いた者も、いつしか齢を重ねて、革命への情熱や祖国への思いさえもが、何か夢物語のようになっていくのかもしれない。

美しい地中海沿岸で、革命への夢が潰え、あれからもう三〇年近くの年月が過ぎ去っていった。人も変わり、時代も組織も全てが変わっていき、今では占領地であるガザとヨルダン川西岸が、パレスチナの土地そのものが戦いの場となっている。

この三〇年だけをとっても、いったいどれだけの血が流されたのか。あまりに膨大な数であり、あまりに膨大な悲しみや怒りがうずまき、それはさらに憎しみの炎を燃え上がらせ、人々の心を絶望が支配したままだ。

私の記憶の彼方に霞んで見えている光景は、三〇年前に夕日に向かって佇み、遠からず訪れるであろう栄光を確信していたあの若者たちの姿だ。それは遠い過去であり、今ではそんな光景があったのかさえ、定かではない。全てが私の夢想した情景だったのかもしれない。パレスチナもイスラエルも、それぞれが傷つき疲弊し、あらゆることが大きく変化し続けている中で、近い将来のことでさえ見通すことは困難な状況になっている。

私は、かつて自分自身がテレビ映像で見て衝撃を受け、その情景が脳裏に焼き付き、情景を辿るように旅を続けてきた。旅を続け、人々と会い、様々な光景を見て、様々な歴史的な事象のただ中に立ちつくしてきた中で、かつてのイメージが徐々に色褪せていくのを感じていた。

いまや私の脳裏には、度重なる再生ですり切れたテープやかつて切り抜いて大事に保存していたのに、今では黄ばんでしまって染みになっている新聞、それらと似たり寄ったりの古い映画のような映像がエンドレスで再生され続けている。それらがプツリと途切れるのも、時間の問題かもしれない。実際に、私の脳裏に繰り返し浮かんでくるパレスチナ解放の戦いの映像は、年を追うごとに鮮明さが薄れてきている。すり切れてところどころに傷がついた映像が、ときおり途切れたり、コマ飛びを起こしながらも、かろうじて回り続けている。突然目の前に暗黒のスクリーンが拡がり、その後は漆黒の闇が支配する世界。それはもうすぐそこまで近づいているようだ。

ガザのビーチに寝そべり、私は様々な記憶の糸を手繰りよせ、それらを弄び、翻弄されながら物思いに耽っていた。

この地に来るようになってから、瞬く間に過ぎていった二〇年という歳月。長くもあり、短かった時間の経過と、その間に歩いた土地、見聞きしたこと、会って話した人々の顔や声、様々な出来事などが次々と脳裏を過ぎていく。

数え切れない悲劇を目撃し、何度も命を失いかけ、苦しい思いもした。また、多くの人々と、素晴らしい友情を築くこともできたと思う。五感を刺激する多種多様な出来事があったけれど、過ぎてしまえばどれもがまた、記憶の片隅に追いやられた頼りない情景として残っているだけだ。目の前で目まぐるしく状況が動いているときや、冷静な判断ができているのかどうか自信がないときを経て、こうして砂浜で寛いでいる時間がある。そして、この時間こそがもっとも大切であり、冷静に物事を判断できる時だと思っている。

微睡んでいる私の横では、家族連れが楽しげに語らっている。子どもたちは砂遊びに興じ、男たちは水煙草を燻らせて語り合い、女性たちも楽しげになにやら話し込んでいる。まさに至福の時間だ。いつしか、この砂浜での時間を懐かしく思い出すときが来るのだろうか。あるいは、記憶の彼方へと落ち込んでいき、二度と思い出すこともないのだろうか。

「やあ、寝てるのか？　こっちは仕事しているのにのんきなものだな」

思索を邪魔されて、いきなり現実の世界へと呼び戻された。目を開けると、眩しい光の向こうにアハマドが立っていた。こちらを見下ろして、にやけているその顔が嬉しそうだ。

「いや、いろいろと考え事をしていたんだ」

「考え事？　飯のことか」

「ああ、そういえばそろそろ夕食の時間だなあ。何か食べに行こうか」

アハマドは、行こうぜと言うが早いか、もう歩き出していた。

砂浜から通りに上がり振り返ると、巨大な太陽に照らされて、ビーチ全体が琥珀色に染まっていた。いつになくたくさんの人々で賑わい、風と波の音が絶妙な音楽を奏でている。

「なあアハマド、パレスチナの未来はどうなるんだろう。平和は来るんだろうか」

私が真顔で言うのを聞いて、アハマドは目を大きく見開いていた。何を言ってるんだという表情だ。

「平和か。たぶん天国へ行けば平和なんじゃないか。わからないけど、そう願うしかないよな」

そう言うと、彼は大声で笑った。私もつられて笑っていた。

「そんなことより、今夜は何を食べようか」

アハマドの声を聞きながら、私は車窓から揺れる太陽を見つめていた。全てが移ろう儚いこの世界で、太古の昔から全てを見ていたのがあの太陽なのだ。私が世界を旅してきた二〇年あまりという時間のなんと短いことか。二〇年の間には、世界中で様々な出来事があり、人々にそれぞれの人生があった。これからもそれは続いていく。私たちには何もコントロールできないし、何が起きるのかもわからない。

水平線の上でゆらゆらと揺れているあの太陽は、全てを見通しているのだろう。恒久的な平和なんて来ないのかもしれないけれど、今のこの時間は、間違いなく平和だ。そして、そんな時間が貴重だということも。

進路を変えて、いつしか太陽も砂浜も見えなくなり、車はガザの雑踏の中へと進んでいった。夕日を浴びて家路を急ぐ人々、市場や露天の雑踏、様々に入り交じる匂いを鼻腔に感じながら、そしてこれからも様々な事象に巻き込まれながらも、生きていくのだろうし、生きていくしかないのだ。それが私たち人間の宿命でもあるのだから。


誰もが、人生を少しでも楽しく、有意義に過ごせたらと思いながら生きている。そうだと信じたい。それが一番大事なことだと。人間が幾多のエゴや誘惑を断ち切ることができたら、お互いのことを考えて、他人の気持ちに少しでも思いを馳せることができたら、世界は間違いなくもう少しだけ、生きやすくなるだろう。

横で運転しているアハマドの顔を見やると、夕日を浴びて少し眩しそうな表情をしていた。私の視線に気がつき、ふとこちらを見る彼の屈託のない笑顔に、私の表情もほころぶ。

何度も破壊され、多くの問題を抱えているこの地だけれど、人々の活力に満ちたこのひとときの中にいると、明るい未来を信じることができる。

長い間私の脳裏に浮かんでは消える映像は、今でも時々浮かんでは消えていく。しかし、その頻度は時を経るごとに減っていき、いつの日か消え去っていくのかもしれない。それは哀しいことでもあるのだけれど、それ以上にこれからの新しい記憶を作りだしていくための必然でもあるのだろう。私たちの記憶は、そのようにして紡がれてきたのだから。そのようにしてこれから新しい歴史が作られていくのだろうから。

私たちは、信じられないほど大きな太陽に目を細めながら、その光を全身に浴びながら、光の中へと進んでいった。何か新しいことが起こる予感に包まれながら。

あとがき

パレスチナへと足を運びはじめてから、長い歳月が流れた。パレスチナという地を知ってからということであれば、三〇年以上に渡って、私は何らかの形でパレスチナを意識し、彼の地に行き、撮影し、何かしら書いてきた。その間には、戦争もあり、様々な事件も起こり、人々の生死や悲喜交々の出来事もあった。それらの波に流され、一喜一憂し、自分が何を見て、それをどう判断すればいいのかも定かでないままに、種々の感情がわき起こり、またその結果としての写真や文章を生み出してきた。

長くて、その一方とても短い時間を経過した現在、自分の感情がきわめて平穏で冷静であることに気がつく。穏やかな陽の光が差す自分の部屋でこれを書きながら、記憶のテープを何度も巻き戻し再生を繰り返しながら、しかし過ぎ去っていったそれらの情景が、まるでこの間観た映画のように、いやそれ以上に現実感が伴わない、誰かの記憶であるような気もする。

思えば、パレスチナ解放闘争が華々しいトピックだった頃、当時のメディアに流れる映像に心躍らされ、テレビ画面に誇らしげに映る若いゲリラ兵士たちに自分の姿を重ねていた。どんな形でも、彼らのいる地に自分も行きたいと思い続けていた。同じ陽の光を浴びて、同じ匂いを嗅ぎ、同じように食べ、笑い、そして同じように死んでいけたら。それは、自分の中では完成していたイメージであり、映画のシナリオでもあった。それらの映像は、ある時期の私にとっては、現実の生活以上に私を夢中にさせていた。十代半ばの頃から、実際にパレスチナへ行くまでの間、それまでに私の場合一〇年からの歳月を要したわけだが、そのために脳内に蓄えられた映像は肥大を続け、何度も流れるヴィジョンは、脚色を重ねて、いつしか現実を超えて華飾されていったのだろう。

初めてパレスチナの地を踏んだのは、一九九〇年の夏。期せずして起きたイラクのクウェート侵攻、その後の湾岸戦争。それまで知識は蓄えていたけれど、実際の現場でいきなり戦争を経験し、大きな出来事が続く中で、流されてしまっていたという側面は否定できない。しかしそんなことを長い間続け、多くの人々の哀しみや絶望、怒りに直面していく中で、私の中では何かが変わっていった。初めのうちこそは、戦争の渦の中で興奮し、今までの人生で味わったことのないほどの高揚感に包まれ、また使命感にも燃え、自分のやっていることに確信と正義を感じていた。

それが、変わっていったのは何故だろうか。様々な要因はあるだろうけれど、確たる理由を言葉にすることは難しい。ただ、誤解と批判を恐れずにいってしまえば、私たち外国人、あるいはよそ者が、ある場所にドカドカと土足で立ち入って、その行為に正当性があると信じ、相手にも強制し、そこで起きている事象（多くの場合、悲劇であり、犯罪であるのは確かだ）を伝えるという崇高な使命を帯びていると盲信して行ってきたこと（そして、今も世界中で起きていること）、そういう行為に対する幻滅と罪悪感というものが、自分の心の中に芽生え、それが時を経るにしたがって大きくなり、押さえきれなくなったということは、間違いなくあると思う。

また、その一方で、目の前で起きている現実と併存して、別の現実があることに気がついてしまったからでもある。それは、目まぐるしく移り変わる目の前の事象とは別の、もっとおおらかな時間の流れに乗った、普遍的な現実である。それは、意識を変えることによって、誰にでも感じることができるものだと私は思っているのだが、どうだろうか。

この本で私は、各地を旅して歩いた記憶と、併存する二つの現実とその中での出会いや人との交流、見たことや感じたことを書き連ね、当たり前のように紛争地とされている場所の別の表情、本質的な何かを伝えることができたらと思っている。読者のみなさんにそれを確実に伝えるには、私の筆力や感覚では難しいところもあり、どこまで自分の意図が表現できているのかは、正直わからない。

しかし、ステレオタイプから脱することは、どんなことにおいても必要だし必然だと考えられないだろうか。この本の内容が、パレスチナのみならず、世界のさまざまな地域で起きていることに関心のある人や、紛争地やそこに暮らす人たちに何かできないだろうかと思っている人たちに、何か閃きにも似た感覚を持ってもらえるきっかけになれば、それこそが私の願いだ。少しでも多くの人たちが、違う意識を持ち、現地に行くようになれば、長い時間が掛かるかもしれないが、自ずと世界は変わっていくと思う。私はそう信じているのだが、それはやはり私が抱く幻想に過ぎないのだろうか。

パレスチナ 殉教者たちへのレクイエム

二〇一〇年に最後にガザを訪れてから、パレスチナのことが意識にのぼらない時期が少なくなかった。私自身が個人的に困難な時期を過ごし、生きるために足掻いていたこともある。心のどこかで気にしながらも、目の前の現実に流されていた。

それでも、節目の折に脳裏に浮かんでくる情景は、パレスチナであることが多く、それはガザであることがほとんどだった。仕事に思い悩み、内向きになっているとき、脳裏に浮かび、蘇るのはガザでの日々であり、ガザで会った人々の顔であり、ガザの喧噪やにおいが記憶の底から立ちのぼってくるのだった。

私はガザに生かされてきた。ガザでの経験や記憶があったからこそ、生きてくることができたのだと思う。一〇年以上ガザから遠ざかっている今、脳裏に浮かぶ情景は細切れになっていたりする。何度も歩いた街の界隈や、頻繁に会っていた人の顔さえ、かすかにぼやけてきたりもする。

二〇二三年一〇月のあの日も、頭の中にはガザのことなどまったくなかった。日々のさまざまな仕事や雑事に追われ、少し落ち着いた夕方の時間に、なにげなくアクセスしたサイトで、それが起きたことを知った。雑事を終え弛緩していた私の脳裏に、瞬時に蘇ったのはガザの光景だった。ガザから次々に発射されるロケットの光跡を見ながら、いつもとは規模が違う出来事に、これは大きなことになると考えていた。

ハマースのいう「アル・アクサの洪水作戦」について、実際、ハマースがどこまで先を読んで作戦に踏み切ったのかはわからない。しかしひとつ感じたことは、イスラエルによるガザの封鎖が、もはや耐えることができないほどになっていた、ということである。一九四八年から続く、イスラエルによる占領と暴力を終わらせるために、彼らはこの作戦をはじめたのだろう。占領下の日常に戻るのではなく、占領を永久に終わらせてパレスチナを解放する、という意志と決意をもってはじめたのだろうと感じた。それが極めて厳しい戦いであることを知りながら、実際それはかつてないほど厳しい戦いとなっているのだが、それでも彼らはそれをやるべきだと判断したのだろうということだ。

彼らがそうすることへの批判も、パレスチナ社会の中や世界各地であったが、イスラエル軍の蛮行が次々と明らかになっていく過程で、パレスチナ、ハマースへの支持や共感もひろがっている。だからといってそのことが、パレスチナの多くの人々が望む結果につながるかどうかはわからない。

一九四八年のイスラエル建国後、パレスチナは常に暴力に晒され続けてきた。年を追うごとにそれは苛烈さを増し、それでも世界はそのことに反応せず、パレスチナの人々の苦難は恒常的に続いてきた。

私がパレスチナに通うようになったのは一九九〇年からだが、それ以前もその後も、悲劇は起こり続けていた。常にどこかで衝突が起き、人々が殺され、家や土地を奪われていた。時には大きな紛争となり、そのたびに数百、数千人の人が死んでいった。

二〇二三年の一〇月以来、わかっているだけでも三万人以上の人々が殺され、その何倍もの人々が負傷し、その数十倍の人々が家を追われ、財産を失い、希望さえも尽きかねない中で生きている。

かつては、どんなに悲惨なことが起きても、それはすぐにまた希望に変わっていたし、パレスチナの人々の思いもつながっていった。しかし二〇二三年からの悲劇は、これまでとは規模が違う。死者の数、破壊された町、すべてが桁違いだ。イスラエルはパレスチナを無にしようとしているとしか思えない。無慈悲で不条理な殺戮からは、イスラエルのはっきりとした意志が見てとれる。それは、パレスチナの地に強引に作り出した「ユダヤ人国家」を滅亡させない、という意志だ。

入植地では、入植者や軍との衝突が頻繁に起きていた。二〇〇五年にイスラエル軍はガザ地区から撤退したが、それで安全になったわけではなく、ときおり空爆が起きていたし、境界区域にはフェンスが築かれ、イスラエル側からの銃撃もあった。空には常にドローンが飛び交い、ガザを二四時間監視していた。

私はかつてガザを訪れるたびに、イスラエルとの戦いで殺された人々の墓を訪れていた。それは一種の巡礼だったとも考えている。世界の多くの人々が当然のように享受している暮らし、人間の権利といったものをことごとく否定され、潰され、そんな生き方を知ることなく死んでいった人々に祈りを捧げ、思いをはせることが、少しでも人々の無念と悲しみを、時には怒りを少しでも知ることになると思い、そうしてきた。

ガザでとくに印象に残っている出来事の多くは、殉教者の葬儀だった。ハマースやイスラミック・ジハードの青年たちの葬儀にも数え切れないほど参列した。不謹慎と思われるかもしれないが、どの葬儀も印象的で、思い出深い。

ガザに通い続けるということは、多くの人の死に接することである。多くの人が、日常的にイスラエル軍に殺されているということでもある。

葬儀は、多くの場合、病院の霊安室からはじまる。ガザ市内や近郊の場合は、最も大きな医療機関であるシファァ病院から出発することが多かった。

ハマースやイスラミック・ジハードの戦士の葬儀では、覆面をして、自動小銃を携えた戦士が参列する。彼らが「アッラーフアクバル」「アッラーの他に神はない」と叫びながら通りを進んでいくうちに、その声に呼応して参列者が増えていく。大きな作戦で殉教した戦士や組織のリーダーたちの葬儀となると、参列者は数千、数万人にふくれあがり、通りは人々で埋め尽くされる。担がれていく遺体に触れようとする人々が列を描き分けて押し寄せる。先頭に立つ男は拡声器を片手に延々と叫び続ける。

通常の市民の葬儀は、日本と同じように厳粛に行われるが、ハマースやイスラミック・ジハードの殉教者の場合はとてつもない喧噪に包まれて行われることが少なくない。

ガザ市の郊外に巨大な墓地がある。殉教者の葬列とともに、あるいは取材や撮影の合間に、数え切れないほど足を運んだ。私がガザを思うとき、浮かび上がってくるイメージの中には必ずこの殉教者墓地の映像がある。そこはイスラエル軍や入植者と戦って死んでいった若者や、イスラエル軍に殺された人々が永遠の眠りにつく場所である。

私が初めてここを訪れた九〇年代初頭、まだそれほど多くの墓標はなかったと記憶している。占領下の人々が組織的に立ちあがった一九八六年の第一次インティファーダから、殉教者の数は急速に増えていった。二〇一〇年までの間、何十回もガザを訪れているが、訪れるたびに新しい墓標が増えていた。墓には旗がひるがえり、殉教者の写真が添えられていた。多くは一〇代から二〇代の若者だった。子どもや赤ちゃんの写真は、爆撃などで殺された被害者だろう。

ここに足を踏み入れるといつも長い時間を過ごす。街の喧騒から遠くない場所にあるにもかかわらず、敷地は静謐に支配され、時間の流れを柔らかく感じるからかもしれない。

あるときに参列した葬儀は、ハマース創設者の一人である大幹部の息子のものだった。控えめにみても数万人が参列し、ガザ中に拡声器の音が響き渡っていた。殉教者がハマースの軍事部門であるカッサーム旅団のメンバーだったこともあり、カッサームの兵士数十人が自動小銃を構えて参列し、ときおり空に向けて発砲しながらの葬儀であった。

端から見ると騒乱状態とも思える葬列が殉教者墓地にさしかかると、それまでの喧噪が嘘のように誰もが無言になり埋葬場所へ向かう。人々の歩く衣擦れだけが聞こえる。無数の墓標とはためく旗が新たな殉教者を見つめているようにも感じる。ガザの日差しが少し傾いてきて西日が差し込む。柔らかい涼しげな風が頬をかすめていく。うつむき加減に歩き続ける群衆は言葉を発しない。

遺体の埋葬場所に着くと、墓掘人が必死で穴を掘っていた。イスラームは土葬であり、かなり深い穴を掘る。白い布で包んだ遺体を穴の底にゆっくりと吊り降ろし、静かに十の上に横たえる。イスラームのイマームが穴の脇に立ち両手を開き、手のひらを内側にして胸の前に掲げ、クルアーンの詠唱をはじめる。参列者も同じように手を胸の前に掲げ詠唱する。

それが終わると横たわる殉教者の遺体に土がかけられていく。感極まったのか、一部の若者たちが「アッラーフアクバル」と涙声で叫ぶ。泣き崩れる若者は殉教者の親族か友人だろうか。よそ者である私は少し距離をとってその光景を黙って見つめる。

埋葬を見届けた人々が少しずつ帰路につく。最後には十数人が墓標のまわりに残り、静かに語り合うだけとなった。広大な敷地はただ静寂が支配している。夕暮れが迫りひたひたと押し寄せる闇の遠くから、いつもどおりのガザの喧噪が風に乗って聞こえてくる。

しかし、この殉教者墓地は、もはや存在しない。

2023年から続く大虐殺の過程で、イスラエル軍は、この墓地を含め、多くの墓地を破壊していった。戦車などで攻撃し、ブルドーザーで遺体を掘り起こすという、極めて破壊的で、恐ろしいほどの残虐さと冒涜を伴った蛮行だった。パレスチナ人たちの生きた証、そして未来への思いをも根絶やしにしようという意図が感じられる、未曾有の暴力だといえるだろう。

メディアは、今回の出来事を「戦争」と呼ぶ。しかし、これは戦争ではない。

ある邪悪な意図を持った集団が、その大地に根付いた一つの民族を根絶やしにしようという非道なプロジェクトだ。しかし、どれほど強大な力がそれを実行しようとも、人々の記憶や意志を消し去ることなどできない。いや、むしろ、パレスチナの人々はかつてないほど力強く立ち上がり、未来を築いていくだろう。

パレスチナにどれだけ足を運んだことだろう。どれだけの不条理を目の当たりにして、どれだけの写真を撮影し、どれだけの文章を書いてきただろう。残念ながら、私の撮影した写真、書いた文章には何の力もなかった。パレスチナの人々は、そんな私にも、もしかしたら何かを変える力があるかもしれない、伝えることで状況を変えてくれるかもしれない、おそらくはそう考えて取材にも応じてくれる。それでも、私が行ってきたジャーナリズムといいう行為は、七五年の間、何も変えることはできなかった。

しかし、現実を生きている人たちは強い。あり得ないような不正義、不条理の中でパレスチナの人々は生きている。不条理を拒否しながら生を力強く生き、そして死んでいく。その死は形には残らないかもしれない。ただ、彼らの生は神に称揚されるものだ。彼らのほとばしるような生を肌で感じることが、私が生きる糧でもあった。

今となってはそれも記憶の果てに遠ざかりつつあるが、ガザの熱気も、その質感も、はっきりと覚えている。そして、パレスチナでやり残したことも。

パレスチナは、関心のない人にとっては数ある紛争地のひとつにすぎないのかもしれない。しかし、数十か所の紛争地を訪れた経験から感じるのは、そこが単なる紛争地ではないということだ。そこは私たちが生きる世界の、あらゆるエッセンスが集約された、生の本質にかかわることを内包した地であり、世界の、歴史の矛盾が七〇年以上にわたって噴出している場所なのだと思う。あえていえば、パレスチナの解放が達成されない状況が続く限り、この世界に真の意味での平和は訪れないだろう。

だから私は再びパレスチナへと戻る。いつになるかはわからない。しかし、この生があるうちに必ず行くことになるだろう。そしてそこで、自分なりに確認したいことをもう一度見て、なんらかの形で発表したいと考えている。

この原稿執筆時点の二〇二四年四月、ガザの情勢は悪化するばかりだ。一方でイスラエルに対する非難の声も高まり、停戦を求める声も多い。しかしイスラエル政府はそんな声を無視し続けている。ガザではパレスチナの市民が殺され、拘束され続けている。ガザのみならず、ヨルダン川西岸や東エルサレムで、イスラエル軍、警察、そして入植者たちの暴力は激しさを増し、土地の収奪、家屋の破壊も激化している。さらに、イスラエル政府は入植地を拡大すべく、数千戸の住宅建築を承認した。

この状況で国際社会ができることはなにか。明らかな不正義が行われているときに、なすべきことがあるはずだ。にもかかわらず、明らかになったのは国際社会に極めて力がないということだった。国連や国際司法裁判所をはじめ、決議や勧告を出すことはあっても、強制力はなく、実効性のある対応はできていない。

一部の学者が述べているのみならず、イスラームの世界でいわれているのは、イスラエルという国は実際には国家ではなく、シオニストによるプロジェクトである、ということだ。イスラームの宗教的な人々の間では、以前から「イスラエル」という呼称は使わず。「シオニスト実体」とか「シオニスト共同体」と呼んでいる。そこはシオニストが人工的につくった、ある種の準国家的な経済活動を実践し、シオニストにとっての理想的な社会をつくろうとしている「国」ということだ。その中で先住の人々は土地を奪われ、殺され、追いやられ、隷属させられてきた。収奪と殺戮で成り立つような国などあってはならないと思う。実際、イスラエルにおいても様々な綻びが露呈している。だからこそシオニストも必死なのだ。それが、ガザやヨルダン川西岸で起きていることにつながる。しかし、そうすればするほど、イスラエルは世界からの支持を失い、存立そのものが揺らいでいく。おそらく将来的には歴史に残る史実となるのではないだろうか。かつて、「イスラエル」という国があったと。

パレスチナでは多くの人がイスラームを信仰している。ガザはその割合が高く、ヨルダン川西岸に比べてより信仰心が強い人が多いように感じる。パレスチナに行きはじめた当初から思っていたことだが、ガザの人々の信仰の強さは、他のイスラーム圏の一部にみられるような、戒律で人を縛り付けるようなものではなく、うわべだけの信仰でもないと感じている。いま、それが良い意味で高まっているようにも思える。ハマースの軍事部門であるアル・カッサーム旅団がSNSなどで発信している映像などをみると、イスラーム的な精神性に満ちたものが多くなっていることがその理由のひとつだ。ひとつにはイスラーム圏に対するアピールなのかもしれないが、ハマースの人々のイスラームへの信仰の深さを純粋に表しているように私には思える。

アル・カッサーム旅団は抵抗運動の中でもエリート部隊であるが、選抜基準のひとつに、イスラームへの帰依の深さ、ムスリムとしての規範を遵守し、聖クルアーンを理解し、アッラーの教えを実践していることがあるという。カッサーム旅団には聖クルアーンを暗唱できるものだけで構成される部隊もあり、ハーフィズ大隊とよばれている。ハーフィズとは、聖クルアーンを暗唱した人を呼ぶ尊称だ。ハーフィズ大隊の選抜試験を収めた映像も公開されているが、聖クルアーンを諳んじるにはかなりの努力が必要であり、社会からも尊敬される。

イスラエルのドローン攻撃によって殉教したカッサームの戦士の映像がある。ドローンから落とされた爆弾で重症を負った二〇代の戦士が、最後にアッラーへの祈りを捧げ、大地へサジダ（イスラームにおける礼拝姿勢のひとつ。日本でいう土下座に近い）して息たえる様子が映っており、SNS上でもかなり拡散された。この戦士もハーフィズであり、モスクで礼拝を主導するイマームも勤めていた。よく通る声で聖クルアーンを詠唱する彼の姿からは、信仰の深さと人間性が伝わってくる。残念ながら日本ではこういった映像はあまり注目されないが、イスラーム世界では多くの人々の琴線に触れ、かなり拡散されている。

しかし、パレスチナの問題をどうとらえ、どう解決していけばいいのだろうか。

起きていること自体は、シンプルである。土地や財産を奪われた先住の人々が、それを取り戻すために戦っている。しかし実際にそれを解決することは、国際法や各国の力関係などさまざまな問題が絡んで複雑化し、困難なものになっている。

とはいえ、パレスチナの人々が七五年以上にわたって不合理な状況に留め置かれ、その状態を半ば放置されてきたことを容認すべきではないだろうし、世界中が責任を負っているといえるだろう。この状況に対しパレスチナ人自身が立ちあがったわけだが、これを非難する権利はどの政府にも、どの組織にもないと私は考える。世界が、シオニストの占領を恒常化し、パレスチナの苦難に目を瞑ってきたのだ。故郷への帰還、愛する人との再会を夢見て死んでいった多くの人たちの無念を思えば、パレスチナが解放されることを私は支持する。

現実には、今なおイスラエルへの共感を示し、支援を続けている国も多い。しかしこれは恥ずべき行為であり、容認すべきではないと考える。

二〇二三年一〇月七日。ハマース、イスラミック・ジハードらが一斉にイスラエル攻撃をはじめた直後に、ハマースのスポークスマンが攻撃の意図を語っている。

「自由と尊厳の代価は、不正や迫害に耐えるよりもはるかに大きい」

数世代にわたって困難を耐えてきた彼らは、正義を実現するために立ちあがった。大きな代償を払うことになるのはわかっていて、それでも立ちあがることを選択した。強大な敵に対峙する彼らの気持ちは、私には痛いほどわかる。これから、まだまだ厳しい戦いが続くだろう。戦場だけでなく、政治の場でも。しかし、パンドラの箱は開けられた。歴史が戻ることはない。

解放されたガザで、パレスチナで、人々が自由を謳歌し、祝福された未来がもたらされることを祈る。そして、崇高な目標に命を捧げた多くの人々の墓地へ祈り、生き延びた人々と語り合う日が遠からず訪れることを、私は確信している。

増補復刻版の刊行にあたって、現状も踏まえ、また現在の自分の考えもあわせて加筆した。二〇一〇年に出版した部分は、一部表現を直した程度にとどめた。

多くの人がパレスチナやガザの状況を知らなかったり、関心がない中で、少しでも事態以前のことを知り、想像して欲しいと思う。その上で、現在の状況を知り、考えてもらうきっかけとなればと思う。

年表

1880〜	東欧、ロシアでポグロム（ユダヤ人に対する集団的迫害）が続発。ユダヤ人の移住運動につながる
1897	バーゼルにて第1回シオニスト会議開催
1914	第1次世界大戦はじまる
1916	英国、仏・露が第1次大戦後のオスマン帝国の分割案を秘密裏に締結（サイクス・ピコ協定）
1917	英国がパレスチナに将来的なユダヤ人国家を独立させることを約束（バルフォア宣言）
1920	パレスチナ北部が英国の支配下となる（サン・レモ講和会議）
1929	エルサレムでアラブ人とユダヤ人が武力衝突（嘆きの壁事件）
1933	ドイツでナチスが政権を掌握。欧州のユダヤ人がパレスチナへ移住をはじめる
1936	パレスチナの英国委任政府およびユダヤ人入植者に対するアラブの大蜂起
1939	第2次世界大戦勃発。ナチスによるユダヤ人虐殺がはじまる
1947	国連総会でパレスチナ分割案が採択される（賛成33、反対13、棄権11、米ソの賛成）
1948	イスラエル国家の独立宣言
	第1次中東戦争（パレスチナ戦争）はじまる
1949	第1次中東戦争停戦協定。ヨルダン川西岸地区はトランスヨルダンに編入。ガザ地区はエジプト領に
1956	ヤーセル・アラファートらがファタハを結成
	第2次中東戦争（スエズ戦争）はじまる
1964	パレスチナ解放機構（PLO）結成
1965	ファタハ、対イスラエル武装闘争開始

1967 第3次中東戦争（6日間戦争）はじまる。その結果、イスラエルが東エルサレム、ゴラン高原、シナイ半島、ヨルダン川西岸およびガザ地区を占領
1969 アラファートがPLO議長に就任
1970 ヨルダン内戦はじまる
1973 第4次中東戦争（ヨム・キプール戦争）はじまる。石油危機
1975 レバノン内戦はじまる
1977 イスラエルでメナヘム・ベギンを首相とするリクード政権が成立
1978 米国のカーター大統領がエジプトのサダト大統領とベギン首相を招き会談（キャンプ・デービッド合意）
1981 エルサレム旧市街とその城壁群が世界文化遺産に登録
1982 イスラエル軍がシナイ半島から完全撤退。レバノン侵攻開始。PLOがベイルートから退去
レバノンのパレスチナ難民キャンプで虐殺事件起こる（サブラ・シャティーラ事件）
1987 第1次インティファーダがはじまる
アフマード・ヤースィーンによりハマースが設立
1990 イラクがクウェートに侵攻
1991 多国籍軍がイラクを攻撃。湾岸戦争はじまる
1993 PLOとイスラエルが「オスロ合意」に調印
1994 ガザ・エリコからイスラエル軍が撤退（カイロ協定）
1995 パレスチナ自治拡大協定（タバ合意）
イスラエルのイツハク・ラビン首相がユダヤ人青年によって暗殺される
1996 パレスチナ暫定自治区の総選挙で議長にアラファート選出
イスラエルでベンヤミン・ネタニヤフによるリクード政権成立

1997	イスラエルがヘブロンから撤退（ヘブロン合意）
1998	イスラエルのネタニヤフ首相とPLOのアラファート議長が会談（ワイ・リバー合意）
2000	キャンプ・デービッドでクリントン米大統領、バラク、アラファートが和平交渉を行うが決裂 第2次インティファーダがはじまる
2001	イスラエルでアリエル・シャロンが首相に就任。パレスチナ人による対イスラエル自爆テロが多発 イスラエルが東エルサレムのPLO本部を占拠
2002	イスラエルがラーマッラーに侵攻、議長府を包囲。その後さらにヨルダン川西岸の自治区8都市のうち6都市を制圧 イスラエルがジェニン難民キャンプを攻撃 イスラエルが西岸地区に隔離壁の建設を開始
2003	米英豪などがイラク攻撃開始。イラク戦争はじまる 4月30日米、EU、国連などによる新中東和平案「ロードマップ」発表
2004	イスラエルがハマースのヤースィーンを暗殺 アラファート、パリにて死去
2005	イスラエルがガザ地区から撤退
2006	第2回パレスチナ評議会選挙でハマースが勝利 イスラエルがレバノンに侵攻
2008	イスラエルがガザ地区を大規模空爆（12月〜翌1月）
2010	イスラエルがガザに支援物資を運ぶ船を航海上で襲撃

2010 ファタハのアッバース議長とネタニヤフ首相が会談。交渉は決裂
2011 イスラエルが予算財団法（ナクバ法）を制定
パレスチナが国連加盟申請
2012 ハマースがダマスカスからドーハに政治拠点を移す
2013 ケリー米国務長官の仲介でパレスチナ自治政府とイスラエルが直接会談
2014 イスラエルがガザ地区に大規模攻撃を開始
2015 イスラエル総選挙でリクードが第一党を維持
2016 国連安保理決議2334を採択
2017 トランプ米大統領がエルサレムをイスラエルの首都として承認
2018 ガザで「帰還の大行進」がはじまる
2020 UAE、バハレーンなどがイスラエルと国交樹立（アブラハム合意）
2022 アッバース議長とハマースのハニーヤ代表が会談
イスラエル総選挙で第六次ネタニヤフ政権発足
2023 ハマースがイスラエルに侵攻（アル・アクサの洪水作戦）
国際司法裁判所がガザ地区への集団殺害を防止するための暫定的な措置を命じる（1月26日）
国連安保理がガザ地区での即時停戦を求める決議案を可決（3月25日）

著者プロフィール

村田信一

1963年生まれ。松本市出身。

1990年から海外取材をはじめる。パレスチナ、イラク、ソマリア、チェチェン、コンゴ、ルワンダなど多くの紛争地で取材、撮影を続けてきた。1996年に、講談社出版文化賞写真賞受賞。

2010年以降、取材活動から遠ざかり、現在はオンライン古書店の運営、パレスチナ関連イベントに出演したりしながら、パレスチナを含めた世界の動向を追っている。

著書に『世界のともだち パレスチナ』『世界のともだち イスラエル』（いずれも偕成社）、『戦争の裏側』『バグダッドブルー』（いずれも講談社）、『戦場カメラマンという仕事」（共著·洋泉社）など。

写真集に『戦争という日常』（講談社）がある。

増補復刻版　パレスチナ 残照の聖地

2024年5月15日　初版第1刷発行

著　者　村田信一
発行者　渡辺弘一郎
発行所　株式会社あっぷる出版社
〒101-0065 東京都千代田区西神田2-7-6
TEL 03-6261-1236　FAX 03-6261-1286
http://applepublishing.co.jp/
印　刷　モリモト印刷

カバー写真／村田信一
カバーデザイン／神田昇和